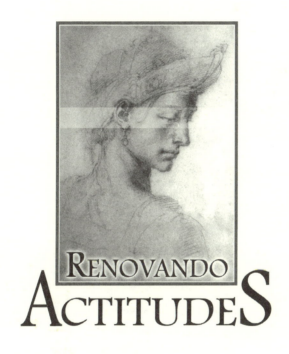

Renovando Actitudes

FRANCISCO DO ESPÍRITO SANTO NETO
por el espíritu **HAMMED**

Dados Internacionais de Catalogação na Publicação (CIP)
(Câmara Brasileira do Livro, SP, Brasil)

Hammed (Espírito).
 Renovando actitudes / por el espíritu Hammed ;
[psicografado por] Francisco do Espírito Santo
Neto ; [traducción Shirley Maia Assali]. --
Catanduva, SP : Boa Nova Editora, 2008.
 Título original: Renovando atitudes.

ISBN 978-85-99772-24-9

 1. Espiritismo 2. Psicografia I. Espírito Santo
Neto, Francisco do. II. Título.

08-09006   CDD-133.93

Índices para catálogo sistemático:
 1. Mensagens psicografadas : Espiritismo 133.93

Impresso no Brasil/*Presita en Brazilo*

RENOVANDO ACTITUDES

FRANCISCO DO ESPÍRITO SANTO NETO
Por el espíritu HAMMED

Instituto Beneficente Boa Nova
Entidade coligada à Sociedade Espírita Boa Nova
Av. Porto Ferreira, 1.031 | Caixa Postal 143
Catanduva/SP | CEP 15809-020
www.boanova.net | boanova@boanova.net
Fone: (17) 3531-4444

1ª Edición
1.000 ejemplares
Septiembre/2008

© 2008 by Boa Nova Editora.

Portada
Dirección de arte
Francisco do Espírito Santo Neto
Designer
Cristina Fanhani Meira

Traducción
Shirley Maia Assali

Copy/Corrección
Olga Cafalcchio

Producción electrónica
Cristina Fanhani Meira

Todos los derechos reservados. Ninguna parte de esta obra puede resproducirse o transmitir por cualquier forma y/o cualesquiera médios (electrónico o mecânico, incluso fotocópia y grabación) o archivada em cualquier sistema o banco de datos sim la autorización firmada de la Editora.

El protucto resultante de la venta de esta obra se destina a la manutención de las actividades asistenciales de la Sociedade Espírita Boa Nova, localizada en Catanduva, São Paulo, Brasil.

Índice

Palabras del médium	9
El espíritu Hammed	13
Renovando Actitudes	15
Tu medida	19
Ser Feliz	25
Tiempos de ignorancia	29
Contigo mismo	33
Aprendiendo a perdonar	37
El lugar que ocupas en la vida	41
Yo no lo merecía	45
La Verdad	49
Pre-ocupación	53
Sacudir el polvo	57
Mirando atrás	61
Desbravando misterios	65
Tiempo correcto	69
Quienes son los regenerados	73
Servilismo	77
Extensión del alma	81
Simplemente un sentido	83
Prejuicio	87
Grano de mostaza	91
Preceptor de almas	97
Amar, sufrir no	101
Lágrimas	105
Los opuestos	109
Apariencias	113
Rama verde	117
El amor que tengo es aquél que doy	121
Palabras y actitudes	125
Creencias y carma	129

El arte de la aceptación	133
Vínculos familiares	137
Ventajas del olvido	141
El "cisco" y la "trabe"	145
Barniz social	149
Viejos hábitos	153
Hermoso planeta Tierra	159
Imposiciones	163
Conveniencia	167
Vivir con naturalidad	171
Carma y parentesco	175
Pesos inútiles	179
El Espiritismo	183
Todos son caminos	187
Un impulso natural	191
Desapego familiar	197
Grado de sensibilidad	201
Incógnitas	205
Estado mental	209
Los ojos del Amor	213
Viejas recordaciones, viejas enfermedades	217
Insatisfacciones	221
Perfección versus perfeccionismo	225
Autoperdón	229
Unirse a Dios	235
La busca de lo mejor	239
Índice de las citaciones de "El Evangelio según el Espiritismo"	244

Palabras del médium

He vivido gran parte de mi niñez, entre 1956 y 1967, en la Hacienda Bela Vista, propiedad de mis padres en los alrededores de Catanduva. Vivíamos en un caserón construido en comienzos del siglo, muy alto y edificado sobre sótanos. Tenía grandes puertas, ventanas y una amplia terraza a marcarle la entrada, con trepaderas entrelazadas que la refrescaban con su sombra acogedora. Era todo rodeado de flamboyanes floridos y olorosos yambos, además de muchos otros árboles enormes.

A pesar de las diversas posibilidades que tenía un niño de encontrar en un sitio como aquel motivos para jugar y divertirse, yo me acuerdo de que entre mis entretenimientos preferidos estaban escuchar a mi madre tocando piano y construir con arcilla ídolos, estatuas y templos con altas columnas, que yo usaba para crear historias curiosas. Durante la noche, fantaseaba e imaginaba a los personajes en mis sueños, para materializarlos después, durante el día, entre dramas y acontecimientos interesantes.

Otro hecho que me ha marcado profundamente fue que al amanecer, casi todos los días, hacía de la mesilla de noche de mi habitación un altar, como el de una iglesia, y gesticulando con las manos distribuía hostias de miga de pan hechas por mí y bendiciones para mis padres y tres hermanas.

Reúno aquí algunas de las muchas recordaciones de mi niñez solamente para mostrar que antes de entenderme como persona en este mundo y antes de poseer plena consciencia de las cosas, ya se manifestaban en mí fuertes reminiscencias de vidas pasadas, bien como tendencias profundas hacia la religiosidad e intereses vigorosos por la vida espiritual.

Posteriormente, en el inicio de mi adolescencia, fuimos a vivir en la ciudad, donde me recuerdo de sucesivas indagaciones con respecto al fenómeno "muerte" que recorrían mi miente. Inmensa curiosidad me envolvía cuando acompañaba a mis padres en los velorios de parientes y amigos de la familia, pues en aquellos momentos me quedaba meditando, queriendo desvendar a cualquier precio los misterios de los túmulos, del más allá. Durante los intervalos de las clases en el Instituto de Educación Barón de Río Blanco (Instituto de Educação Barão do Rio Branco), donde yo estudiaba, como el edificio se encontraba al lado del cementerio local, yo tenía la posibilidad, a veces, de acompañar el sepulto de personas de las más diversas clases sociales.

Observaba los funerales siempre indagando a mí mismo el porqué de los cajones humildes con tapas de tela o de las urnas caras, con adornos de bronce; de los canastillos de flores exóticas o de los ramilletes de flores caseras; de los mausoleos suntuosos de mármol o de las cuevas rasas de tierra batida. ¿Si todos tenían la misma destinación después de la muerte del cuerpo físico, por qué tantos contrastes? ¿Para dónde iban las almas? ¿Cómo vivían? ¿Cuáles serían los criterios para vivirse bien después de la muerte?

Precisamente a los diecisiete años, al ser tocado por la mediunidad redentora, fui llevado a descubrir gradualmente todas las respuestas para las preguntas que hacía años me poblaban el espíritu sediento de las cosas espirituales. Ingresé, entonces, en variadas corrientes religiosas y en algunas ejercité el trabajo de médium, aprendiendo las primeras lecciones sobre reencarnaciones y sobre la vida en el más allá.

Sin embargo, ha sido en 1973 que, por primera vez, me llegaran a las manos las obras *El libro de los Espíritus*, de Allan Kardec, y *Volví*, del Hermano Jacob, regalos de mi querido amigo Diomar Zeviani, obras en las cuales he podido sentir una atmósfera de recuerdos nostálgicos asociados a la emoción de haber ya visto y apreciado todos aquellos textos y enseñanzas.

Aunque hace ya mucho tiempo que Hammed, mi instructor espiritual, al lado de otros espíritus bondadosos que me asisten, estar presente dirigiendo mis facultades de médium a través de la comunicación de los espíritus por la voz del médium, (psicofonía), solamente en noviembre de 1974 he recibido mi primera página de grafía psíquica, que tenía como título "El Valor de la Oración" y venía firmada por el espíritu de Ivan de Albuquerque, entidad amiga hasta entonces completamente desconocida en mi círculo de actividades espirituales.

En el transcurso de estes casi veinticinco años de trabajo como médium, he recibido centenares de mensajes, con lo que hacía el debido ejercicio de ajustamiento y flexibilidad que eses mismos mentores afirmaban que yo debería cumplir para ser un elemento más afinado con ellos, para adquirir buena receptividad y producir convenientemente.

A lo largo de estes años, aprendí a admirar cada vez más el bien y, usándolo, edifiqué con algunos amigos la Sociedad

Espiritual Buena Nueva (Sociedade Espírita Boa Nova), nacida en 1981 a partir de un trabajo sin pretensión de un grupo de jóvenes. Pasados los años, las actividades en las áreas del médium y la social se mezclaran.

Los caminos se ensancharon, y la luz continuó siempre incidiendo sobre nosotros. Para nuestra alegría, se han desarrollado en la Sociedad varios emprendimientos ligados al área de la literatura espírita, bajo la inspiración del Mundo Mayor. Son ellos: Club del Libro, Banca del Libro, Librería Espiritual, la Distribuidora y, recientemente, la Editora.

"Nada sucede por casualidad". Así reflexionando, consigo visualizar claramente toda la fase de preparación por la cual he pasado, a fin de poder, hoy, contribuir humildemente con mis pocos recursos de médium para el trabajo iluminado del Espiritismo.

Agradezco al Buen Maestro Jesús, así como a los nobles y generosos Mensajeros Espirituales, la oportunidad de poder colaborar con los lectores de este libro de Hammed, del que soy un simple intermediario. Que esta obra pueda inspirarlos en su día-a-día, echando luz en sus caminos y dándoles entendimientos frente a los obstáculos.

El espíritu Hammed*

Me recuerdo de que, al final de 1972, he registrado por primera vez la presencia amiga de Hammed, mi Instructor Espiritual. He experimentado, durante todo el tiempo en que él me transmitía sus palabras por la voz del médium (en estadio de semi-consciencia), una sensación nueva, que me envolvió el corazón en una serena atmósfera de fluidificación. Una paz inmensa llenó el recinto entero, envolviendo igualmente a todos los presentes, que participaban de las tareas de la noche.

Él afirmaba en ese encuentro que sus lazos afectivos se prendían de modo vigoroso a los elementos del grupo que allí estaban, y se dirigió particularmente a mí, reiterando los vínculos espirituales que teníamos, procedentes de las diversas experiencias que juntos hemos vivido en los muchos siglos de eras distantes.

Oportunamente, he sabido de otras particularidades de nuestras encarnaciones, a través de los constantes contactos que como médium he mantenido con él, en los cuales me decía, entre otras cosas, que antes de la Era Cristiana ya habíamos vivido varias veces juntos en el Oriente y, específicamente, en la milenaria India.

Hammed es el seudónimo que ha adoptado, alegando sentirse así más libre para desempeñar las labores espirituales que se propuso realizar en la actualidad.

---
* Nombre de origen árabe que se pronuncia con la h aspirada. (N. A.)

Más tarde también me confidenció él que, en la Francia del siglo XVII, ha participado del movimiento jansenista, precisamente en el convento de Port-Royal-des-Champs, en las cercanías de París, como religioso y médico.

Él costumbra presentarse, espiritualmente, ora en traje típico indio, ora con ropa de la época del rey francés Luis XIII.

De nuestros encuentros durante el sueño he podido grabar con nitidez su semblante sereno y a la vez firme, lo que ha facilitado la descripción precisa de él que hice a Morgilli, pintor natural de Catanduva que lo retrató en 1988 con gran originalidad.

Hammed ha sido para mí no sólo un maestro lúcido y lógico, sino también un amigo dedicado y comprensivo. Recibo sus lecciones con mucha atención y cariño, porque él ha mostrado siempre poseer un saber y coherencia singulares, cuando me orienta sobre hechos y ocurrencias inherentes a la tarea a que nos dedicamos en el Espiritismo.

Cuando lo necesito, él me explica demoradamente las causas reales de los encuentros, reencuentros y desencuentros con las criaturas y el porqué de los dolores y conflictos de hoy, mostrándome siempre el origen de los hechos – los verdaderos motivos que han culminado en los acontecimientos agradables y desagradables del presente.

Por lo tanto, no podría dejar de venir públicamente, en el liminar de este libro, agradecer a mi querido Bienhechor Espiritual todas las bendiciones de entendimiento y paz que él me ha proporcionado, bien como rogar al Señor de la Vida que lo bendiga y ilumine ahora y siempre.

Catanduva, quatro de julio de 1997.
Francisco do Espírito Santo Neto

Renovando Actitudes

Recogemos trechos de algunos mensajes de *El Evangelio según el Espiritismo*, para tejer algunos comentarios a los lectores amigos, esperando que puedan renovar sus actitudes bajo la inspiración de Jesús Cristo.

Estudiar y meditar sobre la profunda sabiduría del Maestro, emérito conocedor de la psique humana, a la cual Él atribuía el origen de las verdaderas causas de los sufrimientos, nos vuelve más francos y honestos con nosotros mismos y con los otros y nos posibilita extinguir nuestras reacciones neuróticas en las múltiplas situaciones de la vida, reacciones esas que nos impiden el autoconocimiento y anulan toda y cualquier posibilidad de relacionamiento saludable y sincero con otras personas.

El Maestro sabía de las dificultades que tenemos de percibir la realidad de los escondrijos psicológicos que edificamos como métodos de defensa y de los innúmeros papeles y juegos que cultivamos inconscientemente para no asumir responsabilidades o para camuflar nuestras diversas predisposiciones.

A la luz de la obra de Kardec, el Evangelio retiene un

inmenso manantial para edificar nuestros valores morales en la renovación de las actitudes que asumimos y para descubrir de nuevo nuestras verdaderas potencialidades, las cuales heredamos de la Paternidad Divina. Las armadillas del ego, las presunciones de la ilusión, las dependencias e inseguridad, las falsas vocaciones o las reales tendencias pueden identificarse claramente a través del examen atento de nuestros límites, haciendo autoobservación de la vida en nosotros y fuera de nosotros.

Al presentar estas páginas a los amigos lectores, no tenemos la pretensión de imponer reglas o determinar caminos, ni aun establecer reglas sobre las mejores actitudes que deberán tomarse. Teniendo plena consciencia de la inmensa diversidad de los niveles de maduración de los seres humanos, regidos que somos todos por la "Ley de las Vidas Sucesivas", comprendemos que cada ser está en un determinado estadio evolutivo y, por lo tanto, haciendo todo lo que pueden hacer en el momento, o sea, conduciéndose en el ahora con el mejor de sí mismo.

Tómese la Naturaleza como ejemplo: entendemos que pasaríamos por incoherentes si censuráramos un botón de rosa aún cerrado por no estar ya totalmente desarrollado o abierto; o si recrimináramos una rosera por no haber dado la misma cantidad de botones que otra plantada a su lado y cultivada en el mismo cantero. En realidad, decir a otros que actitudes ellos deberían asumir es no tener respeto por su naturaleza íntima, o sea, su propio grado de crecimiento espiritual.

El contenido de este libro ha sido pensado con la intención de contribuir para que todos puedan reflexionar sobre el porqué de las actitudes humanas, a fin de entenderlas en sus diversos matices de comportamiento y, como consecuencia, mejorarnos a todos, reconstruyéndonos o transformándonos interiormente, para que el Reino de los Cielos se edifique dentro de nosotros.

No podemos asegurar que en estas páginas vosotros vais a encontrar siempre interpretaciones nuevas e inéditas, pues sabemos que existen excelentes obras ampliamente habilitadas a dar su gran contribución, de la misma forma que otros tantos compañeros podrán suplir nuestra dificultad de expresión con más competencia y destreza.

Como nuestro libro trata de nuestras interpretaciones personales, nos gustaría que los lectores se diesen cuenta de que tal vez la principal dificultad que enfrentamos para entender ideas nuevas sea la tendencia que tenemos de retomarlas o intentar explicarlas utilizando nuestra manera habitual de ver y sentir, retraduciendo todo en lenguaje coloquial y convencional.

Finalizando, agradecemos la atención del lector con nosotros y dirigimos nuestro libro, como una sencilla contribución, hacia todos aquellos que sinceramente buscan el camino del autodescubrimiento, teniendo Jesús Cristo no sólo como Terapeuta del cuerpo y de la miente, sino también como Modelo y Preceptor de almas.

Catanduva, 4 de julio de 1997
Hammed

Tu medida

"No juzguéis, a fin de que no seáis juzgados; porque vosotros seréis juzgados según hayáis juzgado a otros; y se servirá con vosotros de la misma medida de la cual os servisteis con ellos."

*(Cap. X, ítem 11)**

Toda opinión o juicio que desarrollamos en el presente está íntimamente ligado a hechos antecedentes.

Casi siempre estamos todos vinculados a factores de situaciones pretéritas que incluyen actitudes de defensa, negaciones o aun innumerables distorsiones de algunos aspectos importantes de la vida. Tendencias o pensamientos juzgadores están sedimentados en nuestra memoria profunda; son ellos subproductos de una serie de conocimientos que adquirimos en la infancia y también por medio de las vivencias anteriores.

Censuras, observaciones, amonestaciones, supersticiones, prejuicios, opiniones, informaciones e influencias del medio, incluso de instituciones diversas, formaran en nosotros un tipo de "depósito moral" – colección de reglas y prejuicios

---

* Este epígrafe y todos los demás que inician cada capítulo han sido extraidos de *El Evangelio según el Espiritismo*, de Allan Kardec. (N. del autor espiritual)

a ser rigurosamente cumplidos –, del cual nos servimos para concluir y catalogar las actitudes en buenas o malas.

Nuestra concepción ético-moral está basada en la noción adquirida en nuestras experiencias domésticas, sociales y religiosas, de las cuales nos servimos para emitir opiniones o puntos de vista, a fin de armonizar y resguardar todo aquello que creemos ser "verdades absolutas". En otras palabras, actuamos de ese modo para defender y proteger nuestros "valores sagrados", es decir, nuestras adquisiciones más fuertes y poderosas, que nos sirven de sustentáculo.

Así, pues, los frecuentes juzgamientos que hacemos con respecto a otras personas nos informan sobre todo aquello que tenemos dentro de nosotros. Explicándolo mejor, la "forma" y el "material" que utilizamos para sentenciar a los otros residen en nuestro íntimo.

Mejor que medir o apuntar el comportamiento de alguien sería tomar la decisión de visualizar bien a fondo nuestro interior y preguntarnos donde todo eso se encuentra en nosotros. En eses casos, podemos considerar a los individuos excelente espejo, en lo cual vemos quien realmente somos. Al mismo tiempo, tendremos una óptima oportunidad de transformarnos íntimamente, una vez que estaremos analizando las características generales de nuestros conceptos y actitudes inadecuados.

Sólo podremos rehabilitarnos o reformarnos hasta donde conseguimos percibirnos; o sea, difícilmente conseguiremos reparar o modificar aquello que no está consciente en nosotros.

Cuando no nos vemos, los comportamientos que adoptamos ante otras personas no son tan libres que nos permitan hacer elecciones o emitir opiniones. Estamos amarrados a formas de evaluación estructuradas en los mecanismos de defensa – procesos mentales inconscientes que posibilitan al individuo mantener su integridad psicológica por medio de una forma de "autoengaño". Hay personas que, simplemente por no conseguir convivir con la verdad, intentan sofocar o enclaustrar sus sentimientos y emociones, disfrazándolos en el inconsciente.

En todo comportamiento humano hay una lógica, es decir, una manera particular que cada uno tiene de raciocinar sobre su verdad; por lo tanto, juzgar, medir y sentenciar los otros, no teniendo en cuenta sus realidades, aun si se las consideran prejuiciosas, neuróticas o psíquicas, es no tener sentido común o racionalidad, ya que en la vida solamente es válido y posible el "autojuzgamiento".

Sin embargo, cada ser humano descubre sus propias formas de encarar la vida y tiende a usar las oportunidades que ha tenido para tornarse todo aquello que lo lleva a ser un "yo individualizado".

Debemos reevaluar nuestras ideas retrógradas, que nos estrechan la personalidad, y a partir de eso juzgar a los individuos de forma no generalizada, apreciando sus singularidades, pues cada persona tiene su propia consciencia, que se distingue de otras tantas consciencias.

Juzgar una acción es diferente de juzgar una criatura. Puedo juzgar y considerar la prostitución moralmente errada, pero no puedo y no debo juzgar a la persona prostituida. Cuando usamos de empatía, poniéndonos en el lugar del otro, "sintiendo y pensando como él", en vez de "pensar con respecto a él", estamos adoptando el comportamiento ideal delante de los actos y actitudes de las personas.

Según Pablo de Tarso, "es indisculpable el hombre, sea quien sea, que asume la condición de juez, porque juzgando a los otros condena a sí propio, pues hará las mismas cosas, atrayéndolas para sí con su juzgamiento."[1]

El "Apóstol de los Gentiles" se manifiesta claramente, evidenciando en esa afirmativa que todo comportamiento juzgador estará, en realidad, estableciendo no solamente una sentencia, o un veredicto, sino, al mismo tiempo, un juicio, un valor, un peso y una medida de cómo juzgaremos a nosotros mismos.

Esencialmente, todo aquello que decretamos o sentenciamos se tornará la "real medida" de como iremos vivir con nosotros y con los otros.

El ser humano es un verdadero campo magnético, atrayendo personas y situaciones que amorosamente entran en sintonía con su mundo mental, o al contrario antipatizan con su manera de ser. De esa forma, nuestras afirmaciones determinarán las aguas por donde deberá navegar la embarcación de nuestra vida.

Con frecuencia, escogemos, evaluamos y emitimos opiniones, y consecuentemente atraemos todo aquello que hemos irradiado. La psicología dice que una parte considerable de esos pensamientos y experiencias que utilizamos para juzgar y emitir pareceres ocurre de modo automático, o sea, por medio de mecanismos no perceptibles. Para nuestra casa mental es casi inconsciente lo que escogemos u opinamos, pues sin percibirlo creemos estar usando nuestro "albedrío", pero, en verdad, estamos optando por un juzgamiento predeterminado o establecido por "archivos" que registran todo lo que nos han enseñado con respecto a lo que deberíamos hacer o no, sobretodo lo que es errado o correcto.

Se podrá decir que un comportamiento es completamente libre para elegir un concepto eficaz solamente cuando las decisiones no están limitadas por padrones mentales rígidos e inflexibles, no se estructuran en prejuicios y ni se cimentan en ideas o situaciones semejantes, ya vivenciadas en el pasado.

Nuestros juzgamientos serán siempre los motivos de nuestra libertad o prisión en el proceso de desarrollo y crecimiento espiritual.

Si alguien afirma que "ancianos no tienen derecho al amor", limitando el romance sólo a los jóvenes, él estará condenándose a una vejez de descontentamiento y soledad afectiva, desprovista de vitalidad.

Si otros han declarado que la "homosexualidad es abominable" y a lo largo del tiempo se confrontan con hijos, nietos, parientes y amigos que tienen algún impulso homosexual, sus medidas estarán establecidas por el odio y repugnancia a esos mismos entes queridos.

Si unos individuos decretan que "jóvenes no se casan con ancianos", ellos estarán circunscribiendo las afinidades espirituales a los rangos de edad y demarcando sus afectividades con padrones bien estrechos y apretados cuanto a sus relaciones.

Si alguien subestima e ironiza "el desajuste emocional ajeno", podrá, en breve tiempo, depararse en su propia existencia con perplejidades emocionales o dilemas mentales que lo harán esconderse a fin de no sentirse ridículo e inferior, como anteriormente ha juzgado a otros.

Si somos jueces de la "moral ideológica" y "sentimental", sentenciando vehementemente cosas que consideramos "errores ajenos", estaremos condenándonos no apenas al aislamiento intelectual, sino también al afectivo, por la propia detención que imponemos a los otros, por no haber dejado que ellos se lanzaran a nuevas ideas y simpatías.

"No juzguéis, a fin de que no seáis juzgados" o aun "se servirá con vosotros de la misma medida de la cual os servisteis con ellos", es decir, debemos alertarnos cuanto a todo aquello que afirmamos al juzgar, pues en el "auditorio de la vida" todos somos "actores" y "escritores" y, al mismo tiempo, "oyentes" y "espectadores" de nuestros propios discursos, hechos y actitudes.

Para que seamos realmente libres y nos desplazemos hacia cualquier dirección con vista a nuestra evolución y crecimiento como seres eternos, es necesario observar y concatenar nuestros "pesos" y "medidas", a fin de que no vengamos a sufrir aturdimiento por la conducta infeliz que hayamos adoptado en la vida bajo la forma de censuras y condenaciones diversas.

---

[1] Romanos 2:1.

Ser Feliz

"...Así, pues, aquéllos que predican ser la Tierra la única morada del hombre, y que sólo en ella, y en una sola existencia, les es permitido atingir el más alto grado de las felicidades que su naturaleza comporta, se iluden y se engañan aquéllos que los oyen..."

(Cap. V, ítem 20)

Las carreteras que nos llevan a la felicidad hacen parte de un método gradual de crecimiento íntimo cuya práctica sólo puede ser ejercitada pausadamente, pues la verdadera fórmula de la felicidad es la realización de un constante trabajo interior.

Ser feliz no es una cuestión de circunstancia, de si estamos solos o acompañados de otras personas, sino una actitud, un comportamiento ante las tareas que hemos venido a desempeñar en la Tierra.

Nuestro principal objetivo es crecer espiritualmente y, a la vez, tomar consciencia de que los momentos felices o infelices de nuestra vida son el resultado directo de actitudes destorcidas o no vivenciadas a lo largo de nuestro camino.

Sin embargo, si acreditamos que cabe únicamente a nosotros la responsabilidad por la felicidad de otros, acabamos olvidando a nosotros mismos. Como consecuencia, no administramos y ni conducimos nuestras propias pasadas. Tomamos como carga deberes que no son nuestros y asumimos compromisos que pertenecen al libre albedrío ajeno. El error empieza cuando nos ponemos a celar por otras personas y a protegerlas, dejando de sostener las riendas de nuestros caminos y decisiones.

Construimos castillos en el aire, soñamos y soñamos irrealidades, convertimos en mito la realidad y, por entre ilusiones románticas, invertimos nuestra felicidad entera en relaciones llenas de expectativas coloridas, condenándonos siempre a decepciones crónicas.

Nadie puede hacernos felices o infelices, solamente nosotros mismos regimos nuestro destino. De ese modo, sucesos o fracasos son subproductos de nuestras actitudes constructivas o destructivas.

El destino del ser humano es ser feliz, ya que fuimos todos creados para disfrutar la felicidad como efectivo patrimonio y derecho natural.

El ser psicológico está hadado a una realización de plena alegría, pero por ahora la completa satisfacción es de pocos, o sea, solamente de aquellos que ya han descubierto que no es necesario comprender como los otros perciben la vida, sino como la percibimos nosotros, tomando consciencia de que cada criatura tiene una manera única de ser feliz. Para sentir las primeras olas del gusto de vivir, basta aceptar que cada ser humano tiene un punto de vista que es válido, conforme su edad espiritual.

Para ser feliz, basta entender que la felicidad de otros es también la nuestra felicidad, porque somos hijos de Dios, estamos todos bajo la Protección Divina y formamos un único rebaño, de lo cual, conforme las afirmaciones evangélicas, ninguna oveja se perderá.

Es siempre demasiado fácil culpar la mujer, el marido, un amigo o una situación por la insatisfacción de nuestra alma, porque pensamos que si las personas se comportaran de acuerdo con nuestros planes y objetivos, todo sería invariablemente perfecto. Olvidamos, sin embargo, que el control absoluto sobre las criaturas no es ventajoso ni tampoco posible para nosotros. La felicidad dispensa rótulos, y nuestro mundo sería bien más repleto de momentos agradables si miráramos las personas sin las limitaciones prejuiciosas, si nuestra forma de pensar fuera independiente y se evaluáramos cada individuo como una persona singular y distinta.

Nuestra felicidad está basada en una adaptación satisfactoria para nuestra vida social, familiar, psíquica y espiritual, así como en una capacidad de ajustamiento a las diversas situaciones de vida. Felicidad no es simplemente la realización de todos los deseos nuestros; es antes la noción de que podemos satisfacernos con las reales posibilidades que se nos presentam.

Delante de todas esas y de otras tantas coyunturas que no han sido objeto de nuestras presentes reflexiones, consideramos que el trabajo interior que produce felicidad no es, obviamente, meta de una etapa corta, sino un largo proceso que llevará muchas existencias, a través de la Eternidad, en las muchas moradas de la Casa del Padre.

Tiempos de ignorancia

"... *Mucho se pedirá a aquél a quien mucho se ha dado, y se hará prestar cuentas más grandes a aquéllos a quienes se ha confiado más cosas.*"
"*...¿Somos nosotros, pues, también ciegos?*" *Jesús les contestió: "Si hubierais sido ciegos, no habríais pecado, pero ahora decís que veis, y es por eso que vuestro pecado permanece en vosotros".*
(Cap. XVIII, ítens 10 y 11)

Lucas relata en "Actos de los Apóstoles" la siguiente orientación de Pablo de Tarso: "Dios no tiene en cuenta los tiempos de ignorancia".[1] En otras oportunidades, confirmó también que "mucho se pedirá a aquél que mucho ha recibido",[2] es decir, el agravamiento de las faltas es proporcional al conocimiento que se posee.

Comprendemos de esa forma que somos todos protegidos por nuestra "ignorancia", dado que solamente seremos evaluados por la Divina Providencia de conformidad con las posibilidades del "saber" y "sentir", es decir, según nuestra manera de ver a nosotros y al mundo que nos rodea.

Las leyes espirituales que dirigen la vida son sabias, justas y se adaptan particularmente a cada criatura, teniendo en cuenta su individualidad.

El eminente psicólogo y pedagogo suizo Jean Piaget, responsable por la teoría de que el desarrollo de los niños propicia su aprendizaje, decía que ellas son diferentes entre sí, que cada uno tiene su manera de crecer y de realizarse como individuo, y que todos podríamos ayudarlos en ese crecimiento, pero jamás imponiendo formas generalizadas y semejantes.

Piaget enseñaba que cada niño piensa e interpreta el mundo con su peculiar pensamiento y sus posibilidades orgánicas y mentales, casi siempre heterogéneas.

Encontramos en el mundo actual métodos pedagógicos modernos que siguen ese raciocinio, teniendo en cuenta que cada individuo, para asimilar su realidad de vida, es portador de un proceso psicológico de aprendizaje propio. Cada persona percibe sus estímulos de forma distinta, decodificándolos y reelaborándolos enseguida, formando así su propia individualidad.

Por otro lado, encontramos asimismo en la reencarnación la guarida de esos métodos de enseñanza, pues ella se basa en la multiplicidad de experiencias ocurridas en los diversos avatares recurridos por el alma, como ser individual, en sus trayectos de vida. Las diversidades de nuestro tiempo de creación, las herencias que hemos recibido de reencarnación, experiencias emocionales y mentales, ambientes sociales donde ocurren esas mismas experiencias, estructuras sexuales, masculinas o femeninas, y variadas motivaciones desarrolladas en la actualidad particularizan los seres humanos con vocaciones, tendencias, intereses, grado de raciocinio y discernimiento "sui generis".

Relativos y no generalizados deben ser los modos de ver las cosas y las personas. El propio derecho penal clasifica y pune los crímenes según los padrones "intencional" o "doloso", "pasional" o "ocasional". ¿Por qué el Poder Inteligente que nos rige iría juzgarnos sin tener en cuenta nuestro "tiempo de ignorancia" y nuestra relatividad?

¿Cómo educar o evaluar genéricamente, usando el mismo criterio, niños que han recibido una educación llena de energía y vida, enseñados que han sido a cuestionar, crear y tener curiosidad y admiración por la naturaleza y otros que sólo vivenciaron discusiones, agresiones y comportamientos mediocres por entre el olor de bebida alcohólica y nicotina, sin una visión saludable de Dios, pero al contrario con otra mui distinta, temerosa, destorcida, adquirida a través de la creencia de un ser amenazador y temperamental?

Desde siempre el amor de Dios nos programó de manera a permitir que nuestro desarrollo se haga gradualmente, hasta que alcanze plenitudes y totalidades más grandiosas.

Tenemos, pues, que seguir esa programación de la Naturaleza, o sea, caminar dentro de ese proyecto establecido por las leyes universales para alcanzar nuestra integración como seres espirituales.

Ese proceso evolutivo nos muestra que podemos estar un poco atrás o adelante de las criaturas, aunque cada una de ellas tenga sus características propias y correctas de acuerdo con su edad astral. En ese decurso evolutivo, todos nosotros pasamos por fases de egoísmo y orgullo hasta alcanzar más adelante las grandes virtudes del alma. Consideremos, por lo tanto, que no seremos censurados por estar en esas fases "primitivas", porque lo que llamamos de "defecto" o "inferioridad" quizá sea el pasaje por esos ciclos de iniciación donde hicimos estadios. Acordémonos de que esas "fases" o "ciclos" no han sido creados por nosotros, sino por los designios de Dios, que rigen la Naturaleza como un todo.

Cosas inadecuadas que vemos en otras personas pueden ser naturales en ellas, o aun hacer parte del "tiempo de su ignorancia", y ellas representan características propias de su etapa de evolución en la carretera por donde transitamos, algunos más avanzados y otros en la retaguardia.

La vida moderna nos dio raciocinio y reflexión, madurez intelectual y una secuencia de nuevas descubiertas, enseñándonos formulaciones racionales sorprendentes, para que mejor pudiéramos comprender los métodos de evolución y progreso en nosotros mismos y en el universo.

No somos responsables por aquello que no sabemos, no sufriremos un castigo por actos o actitudes que ignoramos. Tal vez esas ideas de punición, alienadas, sean frutos de nuestra incapacidad de reflexionar sobre la Bondad Divina. Lo que llamamos de "sufrimiento" es simplemente "resultado" de nuestra falta de habilidad para hacer correctamente las cosas, pues en la vida no existen "premios" ni "castigos", solamente las consecuencias de nuestros actos.

Vale, todavía, considerar que, a medida que nuestra consciencia se expande y nuestra miente adquiere más lucidez, más grandes serán nuestros compromisos delante de la existencia. "Si hubierais sido ciegos, no habríais pecado; pero ahora decís que ved, y es por eso que vuestro pecado permanece en vosotros".[3]

Podemos pretextar ignorancia, pero si tuviéramos consciencia de nuestros hechos, siempre se tendrá eso en cuenta.

Evaluemos atentamente: los tesoros del alma que ya integramos nos obligarán a dar cuenta de las cosas, más grandes o más pequeñas, ante la Vida Mayor.

---

[1] Actos, 17:30.
[2] Lucas, 12:48.
[3] Juan, 9:41.

Contigo mismo

"... *El deber empieza precisamente en el punto en que amenazáis la felicidad o la tranquilidad de vuestro prójimo; termina en el límite que no os gustaría de ver ultrapasado en relación a vosotros mismos...*"

(Cap. XVII, ítem 7)

¿Cómo descifrar el deber? ¿De que manera observar el deber íntimo impreso en la consciencia, delante de tantos deberes sociales, profesionales y afectivos que muchas veces nos imponen caminos divergentes?

Efectivamente, naciste y creciste sólo para ser único en el mundo. En sitio ninguno hay alguien igual a tí en tu manera de ser, por lo tanto, no puedes perder de vista esa verdad, para encontrar el deber que te compete frente a la vida.

Tu primordial compromiso es contigo mismo, y tu tarea más importante en la Tierra, para la cual eres el único que está preparado, es desarrollar tu individualidad en el transcurrir de tu larga jornada evolutiva.

La preocupación con los deberes ajenos provoca tu distanciamiento de las propias responsabilidades, ya que no concretizas tus ideales ni dejas que los otros cumplan sus funciones. No nos referimos aquí a la ayuda real, que es siempre importante, sino a la intromisión en las competencias del prójimo, cuando se lo impide de adquirir autonomía y vida propia.

Asumir deberes de otros es sabotear las relaciones que podrían ser prósperas y duraderas. Es por no comprender bien tu interior que te comparas con otros, olvidándote de que ningún de nosotros está predestinado a recibir, a la vez, los mismos enseñamientos y a hacer las mismas cosas, pues existen innumerables formas de vivir y evolucionar. Recuérdate de que debes importarte solamente con tu manera de ser.

No podemos olvidarnos que aquel que se compara con otros acaba sintiéndose elevado o rebajado. Nunca se da a sí mismo el debido valor y nunca se conoce verdaderamente.

Vuelve tus empeños íntimos únicamente para tu persona, y no intenta jamás acomodar puntos de vista diversos, porque eso, además de perderte, no ajustará los límites donde empiezan la amenaza a tu felicidad, o a la felicidad de tu prójimo.

Muchos creen que hacen parte de sus deberes corregir y reprimir las actitudes ajenas. Por eso viven en constantes fluctuaciones existenciales, no sabiendo esperar que el flujo de la vida actúe naturalmente. Aseveran siempre que cumplen sus obligaciones en "nombre de la salvación" y, de esa forma, controlan las cosas o las fuerzan a ocurrir cuando y como quieren.

Dicen: "Hacemos eso porque sólo estamos intentando ayudar". Fuerzan eventos, escriben guiones, hacen lo que es necesario para garantizar que los actores y las escenas tengan el desempeño y el desenlace que han determinado y acreditan, insistentemente, que su deber es salvar almas, no percibiendo que sólo pueden salvar a sí propios.

Nuestro deber es redescubrir lo que es verdadero para nosotros y no esconder nuestros sentimientos de cualquier persona o de nosotros mismos, sino tener libertad y seguridad en nuestras relaciones personales, para decidir y seguir en la dirección que escogemos. No "debemos" ser lo que nuestros padres o la sociedad quieren nos imponer o definir como mejor. Precisamos comprender que nuestros objetivos y finalidades de vida tienen valor únicamente para nosotros; los de los otros valen particularmente para ellos.

Podemos conceptuar obligación como siendo aquéllo que deberíamos hacer para agradar a las personas, o para encuadrarnos en lo que ellas esperan de nosotros; ya el deber es un proceso de auscultar a nosotros mismos, descortinando nuestra carretera interior, para, enseguida, materializarla en un proceso lento y constante.

Cuando desciframos nuestro real deber, una sensación de autorealización se apodera de nuestra atmósfera espiritual, y pasamos a apreciar los verdaderos y fundamentales valores de la vida, asociados a un placer inexplicable.

Debemos acordarnos de la afirmación del espíritu Lázaro en *El Evangelio según el Espiritismo*: "El deber es la obligación moral, primero ante sí mismo, y de los demás enseguida".[1]

---

[1] *El Evangelio según el Espiritismo*, cap. XVII, ítem 7.

Aprendiendo a perdonar

> "*Si perdonáis a los hombres las faltas que cometen contra vosotros, vuestro Padre celestial perdonará también vuestros pecados, pero si no perdonareis a los hombres cuando ellos os ofenden, vuestro padre también no perdonará vuestros pecados.*"
>
> *(Cap. X, ítem 2)*

Nuestro concepto de perdón tanto puede facilitar cuanto limitar nuestra capacidad de perdonar. Por poseer creencias negativas de que perdonar es "ser apático" con los errores ajenos o acoger de forma pasiva todo lo que otros nos hacen, suponemos que estamos perdonando cuando aceptamos agresiones, abusos, manipulaciones y falta de respeto a nuestros derechos y límites personales, como si nada hubiera ocurrido.

Perdonar no es apoyar comportamientos que nos traigan dolores físicos o morales, no es fingir que las cosas van muy bien, cuando sabemos que todo alrededor nuestro está en ruinas. Perdonar no es "ser connivente" con las conductas inadecuadas de parientes y amigos, sino tener compasión, o sea, más entendimiento a través del amor incondicional. Por lo tanto, es un "modo de vivir".

El ser humano muchas veces confunde el "acto de perdonar" con la negación de sus propios sentimientos, emociones y deseos, reprimiendo resentimientos y usando hipotéticamente el "perdón" como disculpa para huir a la realidad que, si asumida, podría como consecuencia alterar toda una vida de relaciones.

Una de las herramientas básicas para alcanzar el perdón real es mantenernos a alguna "distancia psíquica" de la persona-problema, o de las discusiones, bien como de los diálogos mentales que giran de modo constante en nuestro psiquismo, porque estamos envueltos emocionalmente en esas circunstancias neuróticas.

Cuando nos despegamos mentalmente, pasamos a usar de modo constructivo los poderes de nuestro pensamiento, evitando los "debería haber hablado o actuado" y eliminando de nuestra producción imaginativa los acontecimientos infelices y destructivos.

En muchas ocasiones, elaboramos interpretaciones exageradas de susceptibilidad y caemos en impulsos extraños y desequilibrados, que producen en nuestra energía mental una sobrecarga, haciendo que el cansancio se apodere de nuestro cerebro. El agotamiento íntimo es profundo.

La miente repleta de ideas incoherentes dificulta el perdón, y es solamente cuando nos desligamos de la agresión o falta de respeto que el pensamiento entra en sintonía con las fajas de clareza y nitidez, en el proceso denominado "renovación de la atmósfera mental".

Cuando lo hacemos, "alejándonos" emocionalmente de acontecimientos y criaturas en desequilibrio, la terapia de la oración es imprescindible, como forma de restaurar la harmonización de nuestro "halo mental". Se trata de un método siempre eficaz, que nos devuelve el sentimiento de paz y serenidad, propiciándonos más facilidad de harmonización interior.

La calidad del pensamiento determina una "ideación" constructiva o negativa, es decir, somos arquitectos de verdaderos "cuadros mentales" que circulan sistemáticamente en nuestra propia órbita áurica. Como nuestra capacidad de "sacar imágenes" es fenomenal, esas mismas creaciones hacen que nos quedemos aprisionados en "monoideas". Seguro que nos gustaría mucho olvidarlas, pero somos forzados a recordarlas repetidas veces, por medio del fenómeno "producción/consecuencia".

El proceso de desligarse o desconectarse no es algo que nos deje insensibles y fríos, como criaturas totalmente impermeables a las ofensas y críticas y que viven siempre en una atmósfera del tipo "nadie más me va a tocar o causar daño". Desligarse quiere decir dejar de alimentarse de las emociones ajenas, desvinculándose mentalmente de esas relaciones morbosas de hipnosis magnéticas, de alucinaciones íntimas, de represalias, de desforras de cualquier matiz o de problemas que no podemos solucionar en el momento.

Al soltarnos con vibración de esos contextos complejos, al desatarnos de esos fluidos que nos amarran a las crisis y conflictos existenciales, podremos tener la gran oportunidad de percibir nuevas formas de resolver dificultades con una visión generalizada de las cosas y de encontrar, más y más, instrumentos adecuados para desenvolver la noble tarea de comprender no sólo a nosotros sino también a otras personas.

Cuando acreditamos que cada ser humano es capaz de resolver sus dramas y es responsable por sus hechos en la vida, aceptamos hacer ese "distanciamiento" más fácilmente, permitiendo que él sea y se comporte como quiera, concedéndonos igualmente esa misma libertad.

Vivir imponiendo alguna "distancia psicológica" a personas y cosas problemáticas, sean ellas entes queridos difíciles o compañeros complicados, no significa que dejaremos de importarnos con ellos, de amarlos o perdonarlos, sino que viviremos sin enloquecer por el anhelo de todo comprender, padecer, soportar y admitir.

Además, el desligamiento nos motiva a perdonar con más facilidad, gracias al grado de liberación mental que nos lleva a vivir sintonizados con nuestra propia vida y con la plena afirmación positiva de que "todo deberá tomar la dirección correcta, se mi miente está tranquila".

Comprendiendo en fin que, al promover "desconexión psicológica", tendremos siempre más habilidad y disponibilidad para percibir el proceso que hay detrás de los comportamientos agresivos, eso permitirá que dejemos de reaccionar de la misma manera de antes y aun, al contrario, notar como es y "como se está construyendo" nuestra forma de relacionarnos con otra personas. Eso nos llevará, consecuentemente, a empezar a entender la "dinámica del perdón".

Una de las más eficientes técnicas de perdonar es retomar el contacto vital con nosotros mismos, desligándonos de toda y cualquier "intrusión mental", para enseguida buscar una empatía real con las personas. Dejamos de ser víctimas de fuerzas que están más allá de nuestro control para trasformarnos en individuos que crean su propia realidad de vida, basados no en las críticas y ofensas del mundo, sino en su percepción de la verdad y su propia voluntad.

El lugar que ocupas en la vida

"..." *Cuando fuereis invitados a bodas, no toméis en ellas el primer lugar, temiendo que se encuentre entre los invitados una persona más considerada que vosotros, y aquél que vosotros tengáis invitado no venga a decir: 'Dad vosotros lugar a este...'"*

"...todo aquél que se exalta será rebajado, y todo aquél que se rebaja será exaltado."

(Cap. VII, ítem 5)

Ilustrando sus prédicas siempre de modo claro y comprensible, Jesús de Nazaré consideraba, cierta ocasión, como los invitados de una festividad se comportaban precipitadamente, en el ansia de ocupar los lugares principales en la mesa, faltando de ese modo con el respeto a los principios básicos del sentido común y de la educación.

¿Cuál tu lugar en la mesa? ¿Cuál tu posición en tu propio universo? Esa es la gran propuesta hecha por el Maestro en esta parábola.

¿Será que el lugar que ocupas hoy es realmente tuyo? ¿O influencias externas te llevan a direcciones antagónicas de acuerdo con tu modo de pensar y actuar?

¿Has escuchado la voz del alma, que es Dios en ti, o has abierto tus oídos a las opiniones y conceptos de otros?

Nada es peor que te sentires desplazado en la escuela, profesión, círculo social o aun entre familiares, porque dejas que parientes, amigos, marido o mujer y compañeros piensen por ti, no permitiendo que Dios hable contigo por las vías inspirativas del alma.

Esa inadaptación que sientes es fruto de tu desplazamiento íntimo por no creyeres en tus potencialidades. Tu acreditas que eres incapaz, no por realmente serlo, sino porque te haces sordo a tuyas elecciones y preferencias oriundas de tu propia esencia.

Si sigues con ese comportamiento voluble, apuntando frecuentemente los otros como responsables por tu inadecuación y conflictos, porque no asumes que eres una hoja al viento entre los deseos ajenos, te sentirás siempre solitario, aunque rodeado por una multitud.

Pero si dejas de negar sistemáticamente que tus acciones son, casi en la totalidad, frutos del consenso que formaste de la suma de consejos y palpites varios, estarás siendo, a partir de ese instante, invitado a sentarte en tu verdadero lugar en la mesa de la existencia.

Finalmente, percibirás con más nitidez quien está moviendo tus decisiones y cuanto de participación tienes en tus opciones de vida.

En el examen de la máxima "todo aquél que se exalta será rebajado y todo aquél que se rebaja será exaltado", vale considerar que no es la postura de "darse aires" de humildad o de rebajarse de forma exagerada y humillante que podrá llevarte a la consciencia plena de tu localización dentro de ti mismo. Tu sólo serás tu mismo cuando te sintonizaes con la verdadera esencia de la humildad, que se conceptua como "ver las cosas como ellas realmente son", y tomares consciencia de que tu existencia también es responsabilidad únicamente tuya.

Ser humilde es auscultar el origen real de las cosas, no con los ojos de la ilusión, pero con aquéllos de la realidad, despojándote de la imaginación fantasiosa de una óptica mental destorcida, propia de aquellos que siempre creen que merecen los "mejores lugares" en todo.

Vale considerar que si no hacemos un constante ejercicio de autoobservación casi siempre deducimos o captamos la realidad hasta cierto punto y después concluimos el restante a nuestro gusto, creando así ilusiones y expectativas de desgastes que nos descentralizan de nuestros objetivos.

Quien encontró su lugar invariablemente respeta el lugar de los demás, pues divisa la propia frontera y, consecuentemente, no ultrapasa el límite ajeno, poniendo en práctica el "amor al prójimo".

Para que encuentres tu lugar, es necesario que tengas una "simplicidad lúcida", y cuando te despojes de tus engaños y fantasías tu hallarás la auténtica humildad.

Para que no tengas que ceder tu lugar a otro, es indispensable que veas las cosas como ellas realmente son y que uses el sentido común como punto de referencia para tu perfeccionamiento y percepción de la verdad como un todo.

Procúrate dentro de ti mismo: esa es la posibilidad de que siempre encuentres el lugar que te pertenece delante de la Vida Excelsa.

Yo no lo merecía

"...¿*or qué unos nacen en la miseria y otros en la opulencia, sin nada haber hecho para justificar esa posición? ¿Por qué para unos nada va bien, mientras para otros todo parece sonreír?...*"

"*...Las vicisitudes de la vida tienen, pues, una causa, y una vez que Dios es justo, esa causa debe ser justa. Es de eso que cada uno debe compenetrarse bien...*"

(Cap. V, ítem 3)

Asumir total responsabilidad por todas las cosas que ocurren en nuestra vida, incluyendo sentimientos y emociones, es un paso decisivo en la dirección de nuestra madurez y crecimiento interior.

La tendencia a acusar la vida, las personas, la sociedad, el mundo en fin, es tan antigua cuanto el género humano; y muchos de nosotros crecemos aprendiendo a raciocinar así, censurando todos y todo, nunca examinando nuestro propio comportamiento, que en verdad es lo que decide la vida dentro y fuera de nosotros.

Asimilamos el "mito de la victimización" a partir de las más remotas religiones politeístas, vivenciadas por todos nosotros durante varias encarnaciones, cuando los dioses temperamentales nos premiaban o castigaban de conformidad con sus decisiones arbitrarias. Por el hecho de haber sido víctimas en las manos de esas divinidades, pasamos a usar las técnicas para apaciguar las iras divinas, comercializando favores con ofrendas a Júpiter en el Olimpo, a Neptuno en las actividades del océano, a Venus en las áreas afectivas y a Plutón, dios de los muertos y de los infiernos.

Aprendemos a justificar con disculpas perfectas nuestros desastres de comportamiento, diciendo que hemos sido abandonados por los dioses, que la conjunción de los astros no estaba propicia, que la luna era menguante y que nacemos con mala estrella.

Muchos de nosotros seguimos acreditando que somos víctimas del pecado de Adán y Eva y de la creencia en un Dios judaico que privilegiaba un pueblo y despreciaba otros, surgiendo de ahí la idea de hegemonía divina de las naciones.

Las personas que se creen "víctimas de la fatalidad" siguen apuntando el mundo exterior como culpado de sus infortunios. Recúsanse absolutamente a reconocer la conexión entre sus modos de pensar y los acontecimientos externos. Ellas son influenciadas por las viejas creencias y se dicen perjudicadas por la fuerza de los hábitos, por las cargas genéticas y por la forma como han sido creadas, afirmando que no consiguen ser ni hacer lo que quieren. No saben que son arquitectos de su destino, ni intentan tomar consciencia de que el pasado determina el presente, lo cual, por su vez, determina el futuro.

La víctima se siente impotente e indefensa frente a un destino cruel. Sin fuerza ni capacidad para cambiar, repetidas veces afirma: "Yo no merecía esto", "La vida es injusta conmigo", nunca ocurriéndole, todavía, que es su manera de ser que materializa personas y situaciones a su alrededor.

Defienden sus gestos y actitudes infelices diciendo: "Mis problemas son causados por mi hogar", "Los otros siempre se comportan de esta forma conmigo". Desconocen que la causa de los problemas somos nosotros mismos y que, al renacer, vamos a atraer ese hogar para aprender a resolver nuestros conflictos. Son nuestros comportamientos internos que modifican el comportamiento de las personas con nosotros. Se somos, pues, constantemente maltratados es porque estamos siempre maltratando a nosotros mismos o a alguien.

Nadie puede hacernos actuar o sentir de determinada manera sin nuestra permisión. Otras personas o situaciones podrán estimularnos a tener ciertas reacciones, pero solamente nosotros mismos podemos determinar cuales y cómo serán esas reacciones. Las formas como reaccionamos han sido moldadas por las experiencias por las cuales hemos pasado en varias vidas y sedimentadas por la fuerza de nuestras creencias interiores – mensajes grabados en nuestra alma.

Por lo tanto, precisamos asumir el comando de nuestra vida y abandonar la postura infantil de criaturas mimadas y frágiles, que apenas reclaman y se hacen de "víctimas del destino".

Admitir la real responsabilidad por nuestros actos y actitudes es aceptar nuestra realidad de vida – las metas que alteran la suerte de nuestra existencia.

En lugar de atribuir a otros y al mundo nuestras derrotas y fracasos, recordemos que "las vicisitudes de la vida tienen, pues, una causa, y una vez que Dios es justo esa causa debe ser justa".

La Verdad

"...ʠilatos, entonces, le ha dicho: '¿Eres, pues, rey?' Jesús le ha replicado:'Vosotros lo habéis dicho: soy rey; no he nacido y ni he venido a este mundo sino para atestiguar la Verdad; cualquiera que pertenezca a la Verdad escucha mi voz'."

(Cap. II, ítem 1)

No vemos la Verdad, conforme afirmó Jesús Cristo, porque nuestra miente trabaja sin estar ligada a nuestros sentidos y emociones más profundas.

Las ilusiones nos impiden de que realmente tengamos ojos de ver, y porque no buscamos la Verdad proyectamos en otras personas lo que no podemos aceptar como nuestro. Intentamos librarnos de nuestros propios sentimientos atribuyéndolos a ellas. Adán ha dicho a Dios: "Yo no pequé, la culpa ha sido de la mujer que me ha tentado". Eva se disculpa ante el Creador: "Toda la discordia cabe a la maldita serpiente". Así somos todos nosotros. Cuando desconocemos los rasgos de nuestra personalidad, condenamos fuertemente y responsabilizamos otros por aquello que no podemos admitir en nosotros mismos.

Nuestra visión sobre las cosas puede engañarnos, puede estar en desacuerdo con determinados puntos de vista, pues en realidad ella se ha forjado entre nuestras convicciones más profundas sobre aquello que convenimos llamar de correcto y errado, es decir, verdadero o falso.

En la infancia, por ejemplo, si hemos sido reprendidos duramente por demostrar rabia, si hemos sido dejados en situaciones vejatorias por aparentar miedo, o si fuimos ridiculizados por manifestar afecto y cariño, acabamos aprendiendo a reprimir esas emociones porque adultos insensibles y recriminadores las consideraban feas, erradas y pecaminosas.

Sin embargo, no nos damos cuenta de que al adoptar esa postura represora, nos volvemos criaturas inseguras y flacas y, a partir de eso, empezamos a no confiar más en nosotros mismos.

Si nuestra verdad no es admitida honestamente, ¿cómo podemos aproximarnos de la Verdad Mayor?

Sentir miedo o rabia cuando hay necesidades auténticas, sea para transponer algún obstáculo sea para vencer barreras naturales, es perfectamente comprensible, porque la energía de la rabia es un importante "factor de defensa", y el miedo es un prudente mediador en "situaciones peligrosas".

Para que podamos encontrar la Verdad a que se refería Jesús, es preciso aceptar nuestra verdad, ejercitando el "sentir" en relación a nuestras emociones, y adecuarlas correctamente a lo largo de la vida. La sugestión feliz es el equilibrio y la integración de nuestras energías íntimas, y nunca la represión y el entorpecimiento, ni tampoco la simple entrega incondicional.

¿Lo que es la Verdad? El Maestro ha dicho: "he venido al mundo para dar testimonio de la Verdad; todo aquél que es de la Verdad oye mi voz".

Creemos en lo que vemos, pero muchas veces nuestros sentidos nos engañan. Veamos algunos ejemplos:

La Tierra parece parada; el arco iris no es nada más que rayos de sol atravesando pequeñas gotas de agua; y ciertas estrellas que vislumbramos en el cielo no más existen; debido a las distancias enormes entre ellas y la Tierra, sus luces continúan llegando a la atmósfera de nuestro planeta, dándonos la falsa impresión de que son reales.

Creemos en aquello que nos han dicho y, aunque no sean situaciones vivenciadas o experimentadas por nosotros, las aceptamos como "verdades absolutas", cuando de hecho eran "conceptos relativos".

Maneras erradas como se ven la sexualidad, la religión, el matrimonio, las razas y las profesiones se alejan cada vez más de la realidad de las situaciones y de las criaturas con las cuales convivimos.

En vista de eso, debemos buscar sintonizarnos con todo por medio de los ojos espirituales, una vez que nuestra percepción intuitiva es más amplia y precisa que la visión física. Y tenemos que abrir las compuertas de nuestra alma para captar las inspiraciones divinas que deliberan sobre la vida en toda parte.

Solamente así estaremos más cerca de conocer la Verdad a la cual se refería el Maestro Jesús.

Pre-ocupación

"...☉ *bservad a los pájaros del cielo: ellos no siembran ni cosechan..."*
"...Observad como crecen los lirios de los campos: ellos no trabajan ni fían..."
"...no estéis inquietos por el día de mañana, porque el día de mañana cuidará de sí mismo. A cada día basta su mal."
(Cap. XXV, ítem 6)

La estrategia de la preocupación es mantenernos distantes del momento presente, inmovilizando las realizaciones del momento en función de cosas que podrán o no acontecer.

Desperdiciamos, en consecuencia, tiempo y energía preciosos, obcecados con los eventos del futuro, sobre los cuales no tenemos ningún tipo de comando, pues olvidamos que todo lo que podemos y debemos dirigir es solamente nuestra propia vida.

Son realmente diversas las preocupaciones sobre las cuales no tenemos ningún control: la enfermedad de los otros, la alegría de los hijos, el amor de las personas, el juzgamiento ajeno sobre nosotros, la muerte de familiares y otras tantas. Podemos, sin embargo, nos "pre-ocupar" lo cuanto quieramos con esas cuestiones, que no vamos a traer la salud, la felicidad, el amor, la consideración o aun el retorno a la vida, porque todo eso son cosas que huyen a nuestras posibilidades.

Otra cuestión difícil adviene del siguiente: cuando pasamos por enormes desequilibrios causados por el desgaste emocional de ocuparnos antecipadamente con cosas y personas, eso ocasiona insomnios, decepciones y angustias por el temor anticipado de lo que podrá venir a suceder mañana.

No confundamos "pre-ocupación" con "previdencia", porque prepararse o ser precavido para realizar planes para días futuros es tino de sentido común y lógica; pero la prudencia no es preocupación, porque mientras una es sensata y moderada, la otra es irracional e entorpece al individuo, perjudicándolo en sus proyectos y emprendimientos del presente.

Nuestra educación social estimula el vicio del "pensamiento preocupante", principalmente en nuestro convivio familiar, donde se ha iniciado nuestra tendencia a asociar preocupación con "dar protección". Pasamos a comportarnos de un modo peculiar, afirmando: "Lógico que yo me preocupo contigo, yo te amo", "Tú tienes que preocuparte con tus padres", "Quien tiene hijos vive en constante preocupación".

Creemos que eso es defender y ayudar nuestros entes queridos, cuando en verdad estamos confinándolos y perjudicándolos, por transmitirles, a veces de modo imperceptible, miedo, inseguridad y pensamientos catastróficos.

"No estéis inquietos por el día de mañana, porque el día de mañana cuidará de sí mismo. A cada día basta su mal."

El Creador provee sus criaturas con lo necesario, pues sería imposible a la Naturaleza crear en nosotros una necesidad sin que nos proviera de medios para satisfacerla. "Mirad los pájaros del cielo, mirad los lirios de los campos".

Además, nos incitaba a observar como la vida se comporta y a dejar de "pre-ocuparnos", invitándonos a volver la mirada hacia nuestra Creación Divina, que a todos acoge.

El Maestro quería decir con esas afirmaciones que todo lo que vemos tiene ligación con nosotros y con todas las partes del Universo y que somos, en realidad, participantes de una Naturaleza común. Las mismas causas que cooperan para el beneficio de unos cooperan igualmente para el bien de otros. Cuando hay confianza, hay fe; y es esa fe que abre el flujo divino para la manutención y prosperidad de nuestra existencia, dándonos al mismo tiempo la protección que buscamos en todos los niveles de nuestra vida.

Sacudir el polvo

"... *&uando alguien no quiera recibiros, ni escuchar vuestras palabras, sacudid, al salir de esa casa o ciudad, el polvo de vuestros pies..."*

"...Así dice hoy el Espiritismo a sus adeptos: no violentéis ninguna consciencia; no forcéis a nadie a dejar su creencia para adoptar la vuestra..."

(Cap. XXV, ítems 10 y 11)

No nos dejemos influenciar por los hechos ajenos. Las actitudes que tomamos deben realmente nacer de nuestras inspiraciones más íntimas, y no constituir una forma de "reaccionar" contra las actitudes ajenas.

No permitamos que emociones ajenas a nosotros determinen nuestro propio modo de pensar y actuar; caminemos sobre nuestras propias piernas, decidiendo nosotros mismos como "actuar".

"Si alguien no os quiere recibir, sacudid el polvo de vuestros pies". Se podrá interpretar así la recomendación de Jesús: no debemos hacer imposiciones ni coacción a otros, intentando convencerlos a aceptar nuestra realidad, como si la manera como traducimos las leyes divinas fuera la mejor; ni creer que la Verdad tiene un único dueño, y que solamente nosotros detuviéramos la pose exclusiva de ese patrimonio.

En muchas ocasiones, a título de aconsejar mejores opciones y orientaciones, en el sentido de esclarecer y priorizar la decisión de alguien sobre las actitudes que va a adoptar, cosa que en verdad cabría a él mismo, nosotros extrapolamos nuestras reales funciones y límites, transformando lo que podría ser esclarecimiento y orientación en abuso y apropiación indebida de valores y dominios ajenos.

Sentimos necesidad de "corregir" opiniones, "indicar" caminos, "inducir" experiencias, privando las personas de hacer opciones y de vivir sus propias experiencias. Dejándolas caer y levantarse, amar y sufrir, estamos al contrario permitiendo que ellas mismas puedan recaudar sus propios conocimientos y, de esa forma, estructurar su madurez y crecimiento personal.

"Dejar casas y ciudades que no oyen nuestras palabras" es demostrar que no tenemos la pretensión de ser los únicos poseedores de la revelación divina y que, no fuera nuestra intermediación, las criaturas estarían desprovistas de otros canales de instrucción y conocimiento divino.

"Retener el polvo en vuestros pies" es no tener la visión de la inmensidad y diversidad de las posibilidades universales que apoyan siempre las criaturas, de conformidad con su edad astral y siempre en el momento propicio para su crecimiento íntimo.

La Vida Mayor tiene innumerables vías de inspiración y revelación, a fin de conducir los individuos a su desarrollo espiritual; por eso no debemos investirnos de indispensables dignatarios divinos.

Lancemos las semillas sin pretensión de aplausos y reconocimiento, hasta porque tal vez no haya florecimiento inmediato, aunque en la tierra fértil de los sentimientos humanos habrá un día en que el campo, a su tiempo, producirá.

Al aceptar a las personas como individuos que tienen su propia personalidad, respetando sus opiniones, ideas y conceptos, hasta sus prejuicios, estaremos dando a ellas un apoyo fundamental para que escuchen lo que tenemos a decir o esclarecer, dejando después que ellas mismas, conforme les convenga, cambien o no sus direcciones de vida.

Tal vez el servo imprudente, arraigado en el orgullo, esperara laureles dorados de consideración y entendimiento de todos que lo oyen, y que fuera ampliamente comprendido en sus intenciones, pero por ahora, en la Tierra, la plantación aún está difícil y las cosechas no son generosas.

Hay muchas criaturas intransigentes y rigorosas que no entienden, imponen; no enseñan, predican, no aman, manipulan; no respetan, critican; y por no usar de sinceridad es que hacen el género de "supuesta santidad".

Por lo tanto, si no hemos sido bien acogidos en las labores que desempeñamos en el Campo Sembrado de Jesús, silenciemos sin cualquier "reacción" frente a los contratiempos y aguardemos las providencias de las "Manos Divinas".

En ese afán, prosigamos convictos de nuestro ideal de amor, recorriendo, entre las realizaciones venideras rumbo al final feliz, nuestro propio camino, cuyo mapa está impreso en nuestro corazón.

Mirando atrás

"...Así es aquél que, teniendo hecho mal su tarea, pide para recomenzarla, a fin de no perder el beneficio de su trabajo..."

"...Rendamos gracias a Dios, que en su bondad concede al hombre la facultad de reparación y no lo condena irrevocablemente por la primera falta."

(Cap. V, ítem 8)

Culpa quiere decir paralización de oportunidades de crecimiento en el presente en consecuencia de la fijación enfermiza de uno en comportamientos pasados.

Aquél que se siente culpado juzga que está en *peccatum*, palabra latina que quiere decir "pecado o culpa". Así, todos nosotros vestimos la densa capa de la culpa desde la más tierna niñez.

Hay religiones que se utilizan frecuentemente de la culpa como medio de explorar la sumisión de sus fieles. Usan el nombre de Dios y sus leyes como proveedoras del mecanismo de punición y represión, afirmando que garantizan la salvación para todos aquellos que sean "temientes a Dios".

Se olvidan, sin embargo, de que el Creador de la Vida es infinita Bondad y Comprensión y que siempre ve con los "ojos del amor", nunca puniendo a sus criaturas; en realidad, son ellas mismas que se autopunen, por no renovarse en las oportunidades del libre albedrío y por quedaren, en el presente, agarradas a los errores del pasado.

Nuestra cultura actual aun es la más grave generadora de culpa en la formación educacional de las relaciones, sea en nivel social o familiar. En el recinto del hogar encontramos muchos padres induciendo los hijos a la culpa: "¡Tú aun me mata del corazón!", táctica muy común para mantener el control sobre una persona rebelde; o de hijos que aprendieron el embuste de la culpa para obtener lo que desean: "Los padres de mis amigas las dejan hacer eso".

Culpar no es un método educativo, ni tampoco generador de crecimiento, sino un medio de inducir las personas a no responsabilizarse por sus actos y actitudes.

En muchas oportunidades encontramos individuos que se obstinan en culpar a otros, creyendo que es muy cómodo representar el papel de los injusticiados y perseguidos. Ponen sus errores sobre los hombros de otras personas, de la sociedad, de la religión, de los que poseen una obsesión, en fin, del mundo. Sin embargo, sólo ellos podrán decidir si reconocen o no sus propias fallas, porque solamente de esa forma se liberarán de la prisión mental en que ellos mismos se confinaron.

Dar importancia a las culpas es focalizar hechos pasados con cierta regularidad, siempre haciéndonos acordar de alguna cosa que sentimos, o dejamos de sentir, hablamos o dejamos de hablar, permitimos o dejamos de permitir, echando fuera momentos valiosos del ahora, cuando podríamos crear las verdaderas bases para nuestro desarrollo intelecto-moral.

"Nadie que lanze mano al arado y mire atrás está apto para el reino de Dios."[1]

Mirando atrás, el alma no camina resoluta y, consecuentemente, no se liberta de las cadenas del pasado.

Todos nosotros hemos sido creados con posibilidad de acertar y errar; por eso tenemos necesidad de ejercitar para aprender las cosas, de colocar las aptitudes en entrenamiento, de repetirlas varias veces entre ensayos y errores.

La culpa se estructura en los cimientos del perfeccionismo. Alimentamos la idea de que se no hacemos todo con perfección no somos suficientemente buenos. Nos olvidamos, todavía, que todo nuestro comportamiento es resultado de la edad evolutiva que tenemos y de que somos tan buenos cuanto nos permite nuestro grado de evolución.

A todo momento, hacemos lo mejor que podemos, porque estamos actuando y reaccionando de acuerdo con nuestro "sentido de realidad". El "arrepentimiento" resulta de cuanto sabíamos hacer mejor y no lo hicimos, mientras que la culpa es, invariablemente, la exigencia de que deberíamos haber hecho algo, pero no lo hicimos por ignorancia o impotencia.

La Divina Providencia siempre "concede al hombre la facultad de reparación y no lo condena irrevocablemente". No hay razón por lo tanto para culparse sistemáticamente, pues él será cobrado por lo "mucho" o por lo "poco" que le ha sido dado, bien como "mucho se pedirá a aquél que mucho ha recibido".[2]

Asevera Pablo de Tarso: "...a mí, que fui antes blasfemo, perseguidor e injuriador, pero alcancé la misericordia de Dios, porque lo hice por *ignorancia*, y por ser '*incrédulo*'".[3] Se tiene de esa forma una enseñanza clara: la culpa es siempre proporcional al grado de lucidez que uno posea, es decir, nuestra ignorancia siempre nos protege.

No guardemos culpa. Optemos por lo mejor, modificando nuestra conducta. Vamos a reconocer el error y no mirar atrás, sino adelante, dando continuidad a nuestra tarea en la Tierra.

---

[1] Lucas, 9:62.
[2] Lucas, 12:48.
[3] I Timóteo, 1:13.

Desbravando misterios

"*Entonces Jesús ha dicho estas palabras: 'Yo os rendo gloria, mi Padre, Señor de los Cielos y de la Tierra, por haber ocultado esas cosas a los sabios y a los prudentes, y por las haber revelado a los simples y a los pequeños'.*"
(Cap. VII, ítem 7)

Vale considerar que, cuando Jesús ha afirmado que Dios había ocultado los misterios a los sabios y a los prudentes y los había revelado a los simples y a los pequeños, en verdad observaba que ciertos hombres de cultura e intelecto se creían perfectos eruditos, no necesitando de nada más que su caudal de instrucción.

Por su vez, orgullosos porque poseían varios títulos, se creían superiores y mejores que los otros, cerrando así las compuertas del alma a las fuentes inspiradoras e intuitivas del plan espiritual.

Todavía, "los pequeños y los sencillos", a quienes se reportaba el Maestro, son aquellos otros que, debido a la posición flexible delante de la vida, descortinan nuevas ideas y conceptos, absorbiendo descubiertas y pesquisas de todo tipo, seleccionando las productivas para su propio mundo mental. Por no ser ortodoxos, o sea, conservadores intransigentes, y sí apegados a la reflexión constante de las leyes eternas y al ejercicio de la fe raciocinada, reúnen mejores condiciones de observar la vida con los "ojos de ver".

Son conocidas por la "madurez evolutiva", que es evaluada teniéndose en cuenta sus comportamientos en los más variados niveles de realización, entre diversos sectores (físico, mental, emocional, social y espiritual) de la existencia humana.

Por el modo como actúan y se comportan frente a problemas y dificultades, "los pequeños y los simples" tienen una noción exacta de su propia madurez espiritual. Además, experimentan una sensación enorme de serenidad y paz por la capacidad, eficiencia y atributos personales, asimismo por se comportar dentro de lo que esperaban de sí mismos.

Simples son aquél que no son complicados, que no se dejan envolver por métodos extravagantes, que se suponen científicos, y por rígidos criterios de análisis. Simples son los que siempre usan la lógica y el sentido común, que vienen de la voz del corazón.

Son aquéllos que no entronizan su personalidad megalómana detrás de mesas doradas y ni cuelgan pergaminos para demostración pública de exaltación del propio ego.

Los "sabios" a quien el Señor se refería eran los dominadores y controladores de la miente humana, que desempeñaban papeles sociales usando máscaras diversas según las situaciones convenientes. Ellos están alrededor nuestro: son criaturas sin originalidad y creatividad, porque no perciben las vibraciones unísonas que bajan del Más Alto sobre las almas de la Tierra.

No soportan la más ligera crítica – aunque constructiva – de sus actos, hechos, raciocinios e ideales; por eso, dejan de analizarlos para comprobar o no su validad. Por se consideraren "dueños de la verdad", reaccionan y se irritan, olvidándose que esos comentarios podrían, en algunos casos, proporcionarles mejores reflexiones, ampliándoles la consciencia.

Vale considerar que esos "sabios" no se lanzan en nuevas amistades y relaciones, pues conservan actitudes prejuiciosas de clase social, color, religión y otras tantas, amarrándose a aquellos exclusivamente llenos de egoísmo.

Todavía, el Maestro Jesús se reportaba a las luces de los cielos, que sin tardar llevarían los sencillos a pensar con más lucidez, a expresarse con más naturalidad, para que pudieran desbravar los misterios del amor y de las verdades espirituales, transformándose en el futuro en los reales misionarios de las leyes eternas.

"Simples" son los espontáneos, porque han abandonado la hipocresía y aprendido a desligarse, cuando necesario, del mundo externo, a fin de dejar fluir ampliamente en su mundo interior las torrentes de luz; son todos aquellos que están atentos al "Dios en sí" y entran en contacto con Él y consigo mismo; son, en fin, aquellos que ya se permiten escuchar su fuente de inspiración interior y, al mismo tiempo, confiar plenamente en ella.

Tiempo correcto

"...Aquél que siembra salió a sembrar: y, mientras sembraba, una parte de la semilla se cayó a lo largo del camino..."
"...Pero aquél que recibe la semilla en una buena tierra es aquél que escucha la palabra, que le presta atención y que da fruto, y rende cien, o sesenta, o treinta por uno."
(Cap. XVII, ítem 5)

En la vida, no hay anticipación ni adelantamiento, solamente el tiempo propicio de cada uno.

La humanidad, por lo general, recibe las semillas del crecimiento espiritual a todo instante. Constantemente, la "Organización Divina" emite ideas de progreso y desarrollo, debiendo cada individuo absorber el semillero de acuerdo con sus posibilidades y habilidades existenciales.

La Naturaleza nos regala con una diversidad incontable de flores que nos encantan y fascinan. Ciertamente, no las depreciaríamos apenas por creer que varios botones ya deberían haber florecido dentro de un plazo determinado por nosotros, ni las reprenderíamos por el hecho de que sus tonalidades no son todas iguales, conforme nuestra manera de ver.

Ni podíamos siquiera compararlas con otras flores de diferentes jardines, por estar o no más lozanas. Dejemos que ellas puedan germinar, florecer, crecer, según su naturaleza y su propio ritmo espontáneo. Eso será siempre más obvio.

Parece racional que se ofresca a quienes amamos lo mismo consentimiento, porque cada ser tiene su propio "marco individual" en las carreteras de la vida, y no se nos han dado permisión para violentar su manera de entender, al compararlos con otros, o forzándolos con nuestra impaciencia a que "crezcan" y "evolucionen", como nosotros creemos que debería ser.

Cada uno de nosotros posee diferencias exteriores, tanto en el aspecto físico como en la forma de vestirse, sonreír, hablar, mirar o expresarse. ¿Por qué entonces habríamos de florecer "a galope"?

Nuestra ansiedad no hace que los árboles den frutos instantáneos, ni que las roseras den flores más prontamente. Respetemos, pues, las posibilidades y las limitaciones de cada individuo.

Jesús, por comprender la inmensa multiplicidad evolutiva de los hombres, ejemplificó en esa parábola las "diferencias" entre las criaturas, comparándolas con los diversos terrenos donde han sido sembradas las semillas de la vida.

Las que cayeron a lo largo del camino, y los pájaros las comieron, representan las personas de mentalidad bloqueada y limitada, que recusan todas las posibilidades de conocimiento que las conteste, inclusive cualquier forma que venga a modificar su vida o interferir en sus horizontes existenciales. Son seres de comprensión y aceptación reducidas o casi nulas. Son comparables a los atajos endurecidos y consumidos por la acción del tiempo.

Otras semillas cayeron en sitios pedregosos, donde no había mucha tierra, pero pronto brotaron. Cuando vino el sol, se quemaron porque la tierra era escasa y sus raíces no tenían suficiente profundidad.

En poco tiempo se quedaron resecadas porque no han aguantado el "calor de la prueba", y por cualificarlas como personas de convicción "fluctuante" rápidamente se quemaron sus proyectos e intenciones.

Nuestras bases psicológicas han sido recogidas de las experiencias de ayer. Son raíces del pasado que nos ofrecen manutención en el presente para que podamos seguir adelante en los procesos de iluminación interior. Cuando los "tallos" no son suficientemente profundos y maduros, hay bloqueos tanto en nuestra consciencia intelectual como en la emocional. Un mecanismo opera de forma a asimilar solamente lo que se puede digerir de aquella información o enseñamiento recibido.

Así, la disponibilidad de percibir la realidad de las cosas funciona en las bases del "potencial" y de la "viabilidad evolutiva" y, por lo tanto, imponer a las personas que "sean sensibles" o que "progresen", además de falta de respeto a su individualidad, es factor peligroso y destructivo, pasible de exterminar cualquier tipo de relación.

Las espinas que, al crecer, sofocaron las semillas representan las "ideas sociales" que impermeabilizan la mentalidad de los seres humanos, pues, en el tiempo del Maestro, las leyes de la Torah[1] asfixiaban y reglamentaban no solamente la vida privada, sino también la pública.

Los individuos que no piensan por sí mismos acaban cayendo en los dominios de las "normas y reglas", sin poder elevar demasiado la miente, restricta por las ideas vigentes, lo que los sentencia a vivir en una "frustración grupal", visto que su grado de raciocinio no puede ultrapasar los niveles permitidos por la comunidad.

Jesús de Nazaré combatió sistemáticamente las "espinas de opresión" en la persona de aquéllos que observaron con rigor rituales y determinaciones de las leyes, en detrimento de la pureza interior. De esa forma, ha descalificado todo espíritu de casta entre las criaturas de esa época.

Las demás semillas, sin embargo, cayeron en buena tierra y dieron frutos abundantes. ¿Lo qué es un "suelo fértil"?

Nuestros patrimonios de entendimiento, comprensión y discernimiento no ocurren por casualidad, por lo tanto ningún aprendizaje nos envolverá profundamente si no estamos dotados de competencia y habilidades propiciadoras.

La buena absorción o apertura de consciencia solamente nos llega en el momento en que dejamos de estar presos a la forma. Profundizarse en el contenido real quiere decir: "Quien no quiebra la nuez, sólo le ve el cascarón". Pero para "quebrar la nuez" se necesita sentido y noción, base e atributos, cosas que requieren tiempo para desarrollarse convenientemente. La consciencia de la criatura, para que sea receptiva, necesita estar guarnecida de "despertamiento natural" y "madurez psicológica".

Reforzando la idea, examinemos el texto del apóstol Marcos, donde se le: "porque la tierra por sí misma frutecía, primero la hierba, después la espiga, y por último el grano lleno en la espiga."[2]

El Maestro aceptaba plenamente la diversidad humana. Se oponía a toda y cualquier "nivelación psicológica" y, por lo tanto, ha lanzado la Parábola del Sembrador, a fin de que entendiéramos que el mejor apoyo que podríamos dar a nuestros compañeros de jornada sería simplemente esperar en silencio y con paciencia.

Por lo tanto, debemos comprender que a nosotros solamente nos cabe "sembrar", sin olvidar, todavía, que el crecimiento y la abundancia en la cosecha dependen de la "lluvia de la determinación humana" y del "suelo generoso" de la psique del ser en el cual hubo sembradura.

---

[1] Livro que contiene las escrituras religiosas judaicas, conocido por *Pentateuco*. (N.E.)
[2] Marcos, 4:28.

Quienes son los regenerados

"Los mundos regeneradores sirven de transición entre los mundos de expiación y los mundos felices; el alma que está arrepentida encuentra en ellos calma y descanso, acabando allí de depurarse. Sin duda, en esos mundos, el hombre aún está sujeto a las leyes que rigen la materia..."

(Cap. III, ítem 17)

Regenerados son todos aquellos que aprendieron a compartir este mundo, contribuyendo siempre para su manutención y continuación, y que al mismo tiempo, por percibir que reciben según la medida que donan, sustentan con éxito ese fenómeno de "cambios incesantes". Han sido los hombres quienes descubrieron que todos estamos ligados por varias formas de vida, desde el micro al macrocosmo, y que son los ciclos de la naturaleza que dan igual vitalidad a las plantas, animales y a ellos propios. Por lo tanto, respetan, cooperan y producen, no pensando apenas en sí mismos, sino en la colectividad.

Ellos saben que al mismo tiempo, solos o juntos, somos todos viajantes en las carreteras de la vida universal, en busca de crecimiento y perfección.

Al volverse hacia sí mismos, descortinaron la presencia divina en su intimidad y, en vista de eso, ahora no buscan solamente la exterioridad de la vida, sino abundancia de la vida íntima, haciendo casi siempre una jornada cósmica para dentro de su universo interior, en la intimidad de su propia alma.

Regenerados son los seres humanos que notaron que no pueden modificar el mundo de las otras personas, sino apenas su propio mundo. Que los individuos, lugares y ambientes no pueden ser cambiados, y que las únicas cosas que pueden y deben ser alteradas son sus actitudes personales, reacciones y actos relacionados a esos mismos individuos, lugares y ambientes de su vida.

Consiguieron granjear sabiduría en el decurso de las vivencias anteriores. Distinguen lo que les cabe hacer y, en consecuencia, quales son los deberes de los demás. Sólo hacen, por lo tanto, autojuzgamiento, dejando que cada uno haga su propia evaluación.

En realidad, traen algunas competencias y destrezas asentadas en el poder de observación, por ya poseer una considerable "cosecha de datos". Son consideradas criaturas sabias, por sus constantes *insights*, es decir, comprensiones súbitas delante de decisiones y resoluciones de vida.

Son hombres que adquirieron la habilidad de resolver sus dificultades con recursos nuevos y creativos, utilizando maneras innovadoras de solucionar los acontecimientos del cotidiano. Reconocen que la vida es una sucesión de ocurrencias interdependientes, por poseer la capacidad de observar las relaciones existenciales. Siempre lanzan mano de los hechos pasados y los entrelazan a los actuales, llegando a la profunda comprensión de las situaciones y de sus problemas.

Descortinan horizontes nuevos, porque reservaron en el día a día algún tiempo para conocerse mejor, anotando ideas y sensaciones a fin de esclarecer a sí propios el porqué de sentimientos incoherentes, emociones variables y acciones contradictorias, ya que tal conocimiento los ayudará a vivir de forma más serena y previsible.

Obtuvieran transformaciones íntimas, sorprendentes, pues consiguieran verse como realmente son.

Retiraran las máscaras, que inicialmente les daban un cierto conforto y seguridad, ya que después ellos mismos han reconocido que ellas los aprisionaban por entre cadenas y opresiones.

Aprendieron que no vale la pena representar innúmeros papeles, como se la vida fuera un gran teatro, sino sobretodo asumir su propia misión en la Tierra, porque han constatado que cada uno tiene una cuota propia de contribución ante la Creación, y que no nace en el Planeta ninguna criatura cuya tarea no haya sido predeterminada.

Regenerados son los rehabilitados a la luz de las verdades eternas. Adoptaran Jesús como el "Sabio de los Sabios" y, por seguir sus pasos, hacen siempre lo mejor que pueden. Han reconocido que el error nunca será motivo de abatimiento y paralización, sino, al contrario, de estímulo al aprendizaje. Por eso siguen adelante, pacientes consigo mismos y con todos, ganando siempre más autonomía y discernimiento ante las leyes de amor que rigen el Universo.

Servilismo

"...La obediencia y la resignación, dos virtudes compañeras de la dulzura, muy activas, a pesar de que los hombres las confunden erradamente con la negación de sentimiento y voluntad. La obediencia es el consentimiento de la razón, y la resignación es el consentimiento del corazón..."

(Cap. IX, ítem 8)

La sumisión puede esconder falta de iniciativa, pasividad indeseable, complejo de inferioridad y una inmadurez de personalidad.

Obedecer no es negar la voluntad y el sentimiento, sino ejercitar el propio poder de escoger para cooperar con todos en la producción de algo mayor y mejor de lo que se haría solo.

Así considerando, la obediencia debe ser una postura interna, racional, lógica, comprensiva y la más consciente posible.

Los problemas del servilismo o de la sumisión en las criaturas han sido generados en muchas circunstancias durante la niñez, cuando los padres instigaban el miedo y la amenaza como forma de obtener obediencia de los hijos. Se trata de un propósito cómodo y muy rápido, pero contraindicado en la compleja tarea de educar.

Adultos que heredaron tal formación familiar, caso no sean espíritus maduros y decididos, con harto bagaje espiritual y valores desarrollados, podrán vivir con esa "intrusión educacional". Ese modo forzado de obedecer desarrolla en ellos una postura de anulación de sus propias metas, una vez que sustituye su independencia por la voluntad ajena.

Otros tantos traen de vivencias anteriores sentimientos de culpa por abandonar sin ninguna consideración los entes queridos. Son verdaderos "clichés mentales" archivados en el inconciente profundo, que emergen bajo la forma de obediencia y servidumbre compulsoria, para compensar un pasado infeliz.

La Psicología, por su vez, asegura que ciertos individuos privados de equilibrio por conflictos heredados en la niñez traen enraizadas en su personalidad una necesidad enorme de satisfacer sus "sentimientos de mando" y de "autoridad", siempre imponiendo órdenes, métodos y reglas que, obedecidos pasivamente, les traen un enorme placer y satisfacción.

Esas personas, al entrar en contacto con personalidades sumisas, compensarán sus neurosis de "dar órdenes", y en muchos casos adicionan a su impulso agresivo la "neurosis de autoridad", satisfaciendo así sus características sádicas, dominando y afligiendo esas criaturas serviles, por años y años.

El ser humano que se sujeta a órdenes de comando vive constantemente en estado de confusión mental, absorbiendo en la atmósfera íntima una sensación de "no haber agradado lo suficiente". En una tentativa inútil de cumplir y concordar con órdenes recibidas, cae casi siempre en decepción, en revuelta y indignación, pues esperaba recibir amor y consideración por haber sido obediente.

Muchos de nosotros tuvimos padres que nunca se importaron en "imponernos límites", factores indispensables para que el niño aprenda a conocer el "no", evitando la ilusión de que tendrá todo lo que desea y que jamás encontrará obstáculos y dificultades.

Vivir deseando tener siempre todos los deseos realizados y ejecutados es "exigir obediencia", a cualquier precio, de aquéllos que nos cercan.

Paralelamente, con el pasar del tiempo, esa postura puede invertirse. En vez de exigir sujeción de todos nuestros puntos de vista, pasamos a "nunca decir no", buscando, todo el tiempo, satisfacer a la gente, siempre diciendo "sí" aunque necesitemos ir hasta las últimas consecuencias.

Por otro lado, una persona que "nunca dice no" sólo puede ser "deshonesta", porque afirma que "hace" y "da" mucho más de lo que "tiene" y "puede", exponiéndose siempre al riesgo de ser tachada de hipócrita y, además, de no realizar su propia misión en la Tierra, porque asumió como tarea suya correr detrás de las realizaciones ajenas.

"La obediencia es el consentimiento de la razón". Quien consiente alguna cosa permite que el otro se la haga o no, si cree que eso convenie a su manera de actuar y pensar. "La resignación es el consentimiento del corazón", o mejor, los sentimientos hablarán más alto, y la criatura abdicará de su derecho en favor de alguien, o de una causa, por libre y espontánea voluntad, ya que el derecho era competencia suya.

Efectivamente, la obediencia y la resignación, virtudes a las cuales Jesús de Nazaré se refería, no son aquellas que "los hombres confunden erradamente con la negación del sentimiento y de la voluntad", según bien lo define el espíritu de Lázaro en el texto de reflexión.

Debemos acordarnos, por lo tanto, de que servir ni siempre será considerado virtud, visto que esa postura de nuestra parte puede simplemente estar camuflando una obligación compulsiva de agradar a todos, bien como puede estar desviándonos de nuestra real misión en la Tierra, que es crecer y madurar espiritualmente.

Extensión del alma

"... Amad, pues, vuestra alma, pero cuidad también del cuerpo, instrumento del alma; desconocer las necesidades indicadas por la propia Naturaleza es desconocer la ley de Dios. No lo castiguéis por las faltas que vuestro libre albedrío os hizo cometer, y de las cuales él es tan irresponsable como lo es el caballo, si mal dirigido, por los accidentes que causa..."

(Cap. XVII, ítem 11)

Él se densificó moldado por nuestros pensamientos, obras y creencias más íntimas.

Extensión de la propia alma, el cuerpo es la parte materializada de nosotros mismos y que nos sirve de conexión con la vida terrena.

Hay quien lo desprecie, diciendo que todas las tentaciones y desastres morales provienen de sus estructuras intrínsecas, y lo culpe por las caídas de orden sexual y por los trastornos afectivos, olvidándose de que él apenas expresa nuestra vida mental.

Se lo consideraba, en particular en la Edad Media, instrumento propio del demonio, que imponía al alma en el encarcelada el cometimiento de graves desatinos y desastres morales.

Si cuidado y bien tratado, eso se atribuía a los vanidosos y concupiscentes; si golpeado y flagelado, era motivo de regocijo para los temientes a Dios y cultivadores de la candidatura al reino de los cielos. Esas creencias neuróticas del pasado afianzaban que, cuanto mayores las cenizas que lo cubrieran y cuanto más agudos los dolores que se los afligieran, más alto el espíritu se sublimaría, alcanzando así los pináculos de la evolución.

Sin embargo, nuestro cuerpo no es propiamente el responsable por las intenciones, emociones y sentimientos que resuenan en nuestros actos y actitudes, sino nosotros mismos, almas en proceso de aprendizaje y educación.

Nuestros pensamientos determinan nuestra vida y, consecuentemente, son ellos que modelan nuestro cuerpo. Por lo tanto, nosotros somos, físicamente, el producto de nuestro yo espiritual.

La creencia en ángeles rebeldes destinados eternamente a inducir las almas a pecar nos quita la responsabilidad por nuestras propias acciones, y nos quedamos provisionalmente en la ilusión de que son otros que comandan nuestros hechos, actuaciones e inclinaciones, y no nosotros mismos, los verdaderos dirigentes de nuestro destino.

Cuerpo y alma unidos a servicio de la evolución – he lo que determina la Naturaleza.

Nuestro físico no es sólo un vehículo utilizable, sino también la parte más densa del alma. No lo separemos, pues, de nosotros mismos, porque a pesar de su materia quedarse en la Tierra en el proceso de la muerte física, es en él que evaluamos las sensaciones del abrazo de nuestra madre, del ósculo afectivo y de las manos cariñosas de los amigos. Es a través de él que podemos identificar angustias y aflicciones, que son brújulas a indicarnos que, o cuando, debemos cambiar nuestra manera de actuar y pensar, para que podamos recorrer caminos más adecuados que aquellos que vivimos en el momento.

La ley divina no nos pide sufrimiento para que crezcamos y evolucionemos, pídenos solamente que amemos cada vez más. Cuidemos pues de nuestro cuerpo y aceptémolo plenamente. Él es el instrumento divino que nos concede Dios para que podamos aprender y amar cada vez más.

Simplemente un sentido

"...*Se admira, a veces, que el poder del médium sea concedido a personas indignas y capaces de usarlo mal...*"
"*...el poder del médium se prende a una disposición orgánica de la cual todo hombre puede estar dotado, como la de ver, oír, hablar...*"
(Cap. XXIV, ítem 12)

El poder del médium es una percepción mental por medio de la cual el alma sutiliza, estimula y aguza sus sentidos, a fin de penetrar en la esencia de las cosas y de las personas. Es una de las formas que poseemos para sentir la vida, es el "poder de sensibilización" para ver y oír mejor la excelencia de la Creación Divina.

Facultad común a todos, él es nuestro sexto sentido, o sea, aquél que capta, interpreta, organiza, percibe y sintetiza los otros cinco sentidos conocidos.

Nuestra humanidad, a medida que aprende a desarrollar sus impresiones sensoriales básicas, automáticamente desarrolla asimismo, como consecuencia, el poder del médium. También conocida como intuición o inspiración, es ella que define nuestra interacción con el mundo físico-espiritual.

Las reflexiones dirigidas hacia las áreas morales e intelectuales son muy importantes, pues abren contacto con el "percibir" o el "captar", lo que nos permite oír ampliamente las "sonoridades espirituales" que existen en las fajas etéreas de las diversas dimensiones invisibles del Universo.

Por otro lado, el poder del médium nunca deberá verse como "laureles" o "correctivos", sino únicamente como "receptor sensorio" – producto del proceso de desarrollo de la naturaleza humana.

Inmensos han sido los tiempos de ignorancia, en que a ella se atribuía el epíteto de "dádiva de los dioses" o "trueque demoníaco"; en la actualidad, todavía, se lo ve cada vez con más naturalidad, como un fenómeno espontáneo ligado a predisposiciones orgánicas de los individuos.

Ver todos nosotros vemos, a no ser que tengamos alguna obstrucción en el órgano de la visión; ya las formas de ver son peculiares a cada sensitivo. Escuchar es fenómeno común; sin embargo, la capacidad de oír más allá de las apariencias de las cosas y de las palabras articuladas es factor de lucidez para quien ya desarrolló el "auscultar" del hondo del espíritu.

Además, la facilidad de comunicación con otras dimensiones espirituales no se le da solamente a los llamados "agraciados" o "dignos", conforme nuestra estrecha manera de ver. Como la Naturaleza Divina tiene una visión igualitaria, concediendo a sus hijos, sin distinción, las mismas oportunidades de progreso, es auténtica la sabiduría asertiva: "Dios no quiere la muerte del impío",[1] pero si que él crezca y venga a madurar, disponiendo de la multiplicidad de facultades comunes a todos, herencia divina del Criador para sus criaturas.

Por eso, la encontramos en los más diferentes niveles evolutivos, de las clases sociales e intelectivas más diferenciadas hasta las más variadas nacionalidades y credos religiosos. A pesar de aparecer con denominaciones diferentes, el poder del médium siempre estuvo presente entre las criaturas humanas desde el más remoto primitivismo.

A propósito, no debemos tener la preocupación de "desenvolver el poder del médium", porque él, por si solo, se desarrollará. Es imprescindible, por lo tanto, perfeccionarla y esmerarla cuando ella se manifiesta espontáneamente. Nunca forzarla a "acontecer", porque, en vez de dejar transcurrir el proceso natural, vamos acabar simplemente "haciendo fuerza", o mejor, "actuando improductivamente"

En vista de eso, entrenamientos desgastadores para despertar en nosotros "dones naturales" es incoherente. Aquello que nos posibilitó ver, hablar, andar, oír, sentir, saborear o preferir ha sido saber esperar la maduración de nuestros órganos infantiles.

¿Por qué entonces el poder del médium, considerado una aptitud ontogénica del organismo humano, necesitaría de tantas implicaciones e imposiciones para alcanzar la plenitud?

Profundizando nuestras apreciaciones en este estudio, en "Pentecostes",[2] el día en que se han desarrollado repentinamente las posibilidades psicofónicas de los apóstoles, cuando "lenguas de fuego", o mejor, "mientes iluminadas" bajaron sobre sus cabezas, sin esperar o invocar el fenómeno, encontramos una de las más consistentes afirmaciones sobre mediunidad – que sus manifestaciones son espontáneas y su despertar entre los hombres es natural.

La sensibilización progresiva de la humanidad es una realidad. Se procesa, en tiempos actuales, de manera indiscutible, pues, en verdad, "el espíritu es derramado sobre toda la carne",[3] haciendo que los efectos espirituales sean cada vez más elocuentes, incontestables y generalizados.

---

[1] Ezequiel, 33:11.
[2] Actos, 2:1 ao 8.
[3] Actos, 2:17.

Prejuicio

"... Habiéndolo visto, le dijo: 'Zaqueo, apresad vosotros en bajar, porque es necesario que hoy yo me aloje en vuestra casa'. Zaqueo pronto bajó y lo recibió con alegría. Viendo eso, todos murmuraron diciendo: 'Él fue alojarse en la casa de un hombre de mala vida...'."

(Cap. XVI, ítem 4)

Se dice que un individuo alcanzó un buen nivel ético cuando piensa por sí mismo en términos generales y críticos; cuando dirige su conducta conforme juzga correcto, demostrando así independencia interior; cuando es autónomo para distinguir el bien del mal, sin seguir fórmulas sociales; y, por fin, cuando no es esclavo de sus creencias inconscientes, porque hace constante ejercicio de autoconocimiento.

Como nuestro cuadro de valores ha sido adquirido de forma no vivenciada, nuestro mundo íntimo está repleto de prejuicios y nuestro nivel ético se encuentra distante de la realidad.

Tener prejuicios es, pues, asimilar las cosas con juzgamiento preestablecido y fundamentado en la opinión ajena. Los prejuicios son las raíces de nuestra infelicidad y sufrimiento neurótico, pues deterioran nuestra visión de la vida, como una lasca causa inflamación en el área de nuestro cuerpo donde se aloja.

Aceptamos eses valores de los adultos con quienes convivimos de una manera tan sutil que ni los percibimos. Basta que un niño oiga un comentario sobre la sexualidad de alguien, o sobre la religión profesada por los vecinos, para asimilar ideas y normas vivenciadas por el adulto que fomenta la crítica. De manera destorcida, se basa en el juzgamiento de otro, cuando es válido solamente el autojuzgamiento, apoyado siempre en el análisis de los hechos como ellos realmente son.

¿Cuál sería entonces tu visión actual con respecto a sexo, religión, raza, vejez, nación, política y otras cosas? ¿Sería formada exclusivamente sin la influencia de otras personas? ¿Será que tu forma de ver a todo y a todos no estaría repleta de obstáculos formados por tus conceptos preestablecidos?

Como no estás atento al proceso de la vida en ti, necesitas del juicio de otros individuos, lo que te hace dependiente e incapacitado ante tus conductas.

Jesús de Nazaré demostró ser plenamente inmune a cualquier influencia ajena cuanto a sus sentimientos y sentidos de vida, revelando eso en varias ocurrencias de su mesiado terreno.

Al visitar la casa de Zaqueo, no ha dado la mínima importancia a los murmurios maldicientes de las criaturas con estructura psicológica infantil, pues sabía caminar discerniendo por sí mismo.

Toda alma superior tiene un sistema de valores no basado en reglas rígidas; evalúa a los individuos, actos y actitudes con su sentido interior, sentimientos, emociones y percepciones intuitivas; sus apreciaciones y comportamientos son peculiares. Para una alma así, cada situación es siempre nueva y cada persona, un mundo aparte.

En verdad, Cristo ha venido al mundo para los enfermos que tienen valor para reconocerse como tal, aunque no para los sanos o para aquellos que se mascaran. Zaqueo, venciendo a los propios conceptos inadecuados de jefe de los publicanos, derrumbó las barreras del personalismo elitista y se rendió al mensaje de la Buena Nueva.

Se despojó del viejo mundo que detenía en la estructura de su personalidad y se renovó con conceptos de vida inmortal, aceptándose como alguien necesitado de los bienes espirituales. Ha dicho Jesús: "El sábado ha sido hecho para el hombre, y no el hombre para el sábado".[1] Con esas palabras el Maestro se refería al antiguo mandamiento de Moisés que impedía toda y cualquier actividad en los sábados, y que Él, por sabiduría y siendo desprovisto de cualquier prejuicio, entendía la serventía de esa ley para determinada época, pero quería ahora mostrar a los hombres que "las experiencias pasadas son válidas, aunque deban adecuarse a nuestras necesidades en la realidad presente".

Prejuicios son entrabes a nuestro progreso espiritual.

---
[1] Marcos, 2:27.

Grano de mostaza

"... Jesús les contestó: 'Eso se debe a vuestra incredulidad. Porque en verdad os digo: si tuvieseis fe como un grano de mostaza, diríais a esta montaña: Transpórtate de acá para allá, y ella sería transportada, y nada sería imposible para vosotros."

(Cap. XIX, ítem 1)

Fe es un sentimiento instintivo que nace con el espíritu. Creencia innata, impulso íntimo fundamentado en la "certeza absoluta" de que el Poder Divino, en toda y cualquier situación, está siempre promoviendo y ampliando nuestro crecimiento personal.

Esa convicción inexorable en la "Sabiduría Celeste", que es la propia Inteligencia Providencial que rige a todo y a todos, alcanza su plenitud en las criaturas más evolucionadas. Tales valores se encontraban inicialmente en estado embrionario y, a lo largo de las encarnaciones sucesivas, se estructuraron entre las experiencias del sentimiento y del raciocinio.

Como en todas las manifestaciones de progreso, también ese impulso intuitivo del ser humano ligado a las fajas de la fe es resultado de un desenvolvimiento lento y progresivo.

Por ejemplo, el niño no puede manifestar la habilidad de hablar, si no ha atravesado las fases básicas de la fonética, es decir, rezongar, balbucear, deletrear y silabar.

De esa manera, el ser inmaturo, a pesar de creado con ese sentimiento instintivo de la fe, también atraviesa un vasto periodo de desarrollo, que no se da por cambios abruptos, sino por una serie de sensaciones y percepciones a veces más o menos demoradas, conforme el deseo y la determinación del propio espíritu.

Consecuentemente, la fe plena no es sólo la conquista repentina que aparece cuando queremos; es también trabajo desarrollado y asimilado a lo largo del tiempo.

Ella pulsa en todas las criaturas vivas y se agita en las creaciones más pequeñas del Universo. Se encuentra en la renovación del mineral que se rompió y que se restaura a sí mismo; aparece en el fototropismo de las plantas en crecimiento; impulsa el "reloj interno", que incita las aves a efectuar sus migraciones, casi en la misma época en todos los años; aguza el "regreso al hogar", o sea, estructura la capacidad de orientación y localización observada en algunos animales domésticos.

La fe también estimula el hombre salvaje a nutrir la creencia en la existencia de un ser supremo, que ellos adoran en los fenómenos y elementos de la Naturaleza.

Se entiende, de esa forma, que la fe no equivale a una "muleta ventajosa" que nos ayuda solamente en nuestras etapas difíciles, ni "providencias de última hora" para alcanzar nuestros caprichos inmediatos. Tener fe es auscultar y percibir las "verdaderas intenciones" de la acción divina en nosotros y, sobretodo, es el discernimiento de que todo está absolutamente correcto.

Nada está errado con nosotros, pues lo que llamamos de "imperfección" en el mundo son apenas las lecciones no aprendidas o no entendidas, que precisan ser recapituladas, a fin de que podamos conocernos mejor, así como las leyes que rigen nuestra existencia.

Tener fe en Dios es reconocer que la Naturaleza, "Arte Divina", garantiza nuestra propia evolución. Aun cuando todo parezca ruinar al nuestro rededor, es la misma fe ampliamente desarrollada que nos dará la certeza de que todavía estaremos siempre ganando, aunque momentáneamente no podamos descifrar la ganancia con clareza y nitidez.

En el Universo nada existe que no tenga su razón de ser. Todo aquello que parece desastroso y negativo en nuestra existencia nada más es que la vida articulando caminos, para que podamos llegar adonde están nuestros reales anhelos de progreso, felicidad y placer.

La criatura que aprendió a ver o encadenar los hechos de su vida, además de cooperar y fluir con ella, percibe que aquello que le parecía negativo era solamente un "camino preparatorio" para alcanzar posteriormente un Bien Mayor y definitivo para sí misma.

Las grandes tragedias no significan castigos y puniciones, sino posibilidades futuras más consistentes para obtenerse una mejoría de vida íntima y, paralelamente, de plenitud existencial.

Delante de esas realidades, la fe perfeccionada hace que podamos evaluar en todas las ocurrencias una constante renovación enriquecedora. Es cuando todos los árboles están despidos que comienza un nuevo ciclo, en el cual ellos reúnen las fuerzas embrionarias e instintivas de su fe para otra vez vestirse de hojas, flores y frutos.

Todo en la Naturaleza obedece a "ritmos". Son procesos de la vida en acción. Al final de un ciclo, nuestra energía declina, para, enseguida, reunir más fuerzas para nueva incursión renovadora.

A cada nueva etapa de crecimiento, tal vez nos sintamos temerosos e inseguros, a ejemplo de ciertos animales que pierden momentáneamente su capa protectora. Después, sin embargo, nos sentiremos más adaptados, al cubrirnos con elementos y estructuras más eficientes y que nos permitan proseguir más ajustados en nuestro nuevo estadio evolutivo. Así sucede con todos. Seremos atingidos por un "sereno bienestar" cuando consigamos visualizar anticipadamente las futuras oportunidades de reconforto, prosperidad y seguridad que la vida nos traerá después de haber atravesado los "ciclos amargos" del renacimiento interior.

La confianza en que todo está justo y correcto y no hay nada a hacer, a no ser mejorar nuestro propio modo de ver y entender las cosas, está cimentada en las palabras de Jesús: "Hasta los hilos de cabello de nuestra cabeza están todos contados".[1] Se trata aquí de la convicción perfectamente ajustada a una comprensión ilimitada de los designios infalibles y correctos de la Providencia Divina.

En muchas ocasiones, es solamente usando los recursos interpretativos de la fe, en los grandes choques y tragedias, que podemos notar el "proceso de actualización" que la vida nos ofrece, por eso el significado de un acontecimiento es captado en plenitud solamente cuando ha sido "descifrado". Es el único camino que nos permitirá encontrar la verdadera comprensión y entendimiento de los hechos en sí.

No obstante, cuando no traducimos en el decurso de los acontecimientos nuestros episodios existenciales, sentimos que nuestra vida se va a volver inexpresiva, sin ningún sentido, porque vamos perdiendo el contacto con los mensajes silenciosos y sabios que la vida nos envía.

Aquí están algunas interpretaciones de hechos aparentemente negativos, cuando en realidad son profundamente positivos:

• Para vencer la enfermedad es necesario interpretar lo que el síntoma nos quiere decir al alertarnos sobre lo que tenemos de hacer o cambiar para armonizar nuestro psiquismo descontrolado.

• Sucesivos acontecimientos de "abandono" y "decepción" en nuestra vida son mensajes de alerta silenciosos que nos hacen saber que nuestro "grado de ilusión" ultrapasó los límites permitidos.

• Pierda de criaturas queridas pueden ser la lección que nos va a librar de actitudes posesivas y apegos patológicos, tanto para quien parte como para quien se queda.

• Alucinación y locura pueden adestrarnos para valorizaciones más próximas de la realidad, alejándonos de fantasías y apariencias.

• Vicios de cualquier matiz pueden establecer en los individuos normas correctivas de su vida interior, a fin de que aprendan a trabajar y a controlar mejor sus emociones y sentimientos.

• Traición afectiva puede ejercitarnos en la fiscalización de nuestro "grado de confiabilidad" y "vulnerabilidad" ante otras personas.

• Desprecio o desconsideración pueden ser emisiones educativas que nos lleven a dedicar más amor a nosotros mismos.

El ser humano de fe no es crédulo ni fanático; es de

preferencia el individuo que distingue los lucros y ventajas insertados en los procesos de la vida. Comprende la secuencia de hechos interconectados, perfeccionándose paulatinamente para intensificar su estabilidad, armonía y, como consecuencia, su engrandecimiento espiritual.

En síntesis, la fe como fuerza instintiva del alma guarda en sí posibilidades trascendentes y poderes infinitos. Al ampliarla, el hombre adquiere potencialidad vigorosa, fluyendo y contribuyendo con el propio ritmo de la vida como un todo.

El "grano de mostaza", en la comparación de Jesús Cristo, representa la minúscula semilla como siendo el "impulso inmanente" que empieza a formarse en el "principio inteligente", en los primeros peldaños de los reinos de la Naturaleza. A lo largo de los tiempos, se transmuta, desarrollando potencialidades innatas, y, en el futuro se transforma en un ser completo y de acciones poderosas.

Debemos comprender, por fin, que el "poder de la fe" realmente "remueve montañas" y que para el espíritu nada es inaccesible, pues cuando percibe la razón de todo e interpreta con exactitud la sabiduría de Dios, la vida para él no tiene fronteras.

Al ampliar nuestra consciencia en la fe, sentimos una inefable serenidad íntima, porque conseguimos entender perfectamente que, en el Universo, todo es "como debe ser", no existe atraso ni error, solamente la manutención y la seguridad del "Poder Divino" garantizando la estabilidad y el perfeccionamiento de sus criaturas y creaciones.

---

[1] Lucas, 12:7

Preceptor de almas

"*Pero el papel de Jesús no ha sido simplemente el que ejerce un legislador moralista, sin otra autoridad que su palabra: Él ha venido para cumplir las profecías que habían anunciado su venida; su autoridad derivaba de la naturaleza excepcional de su Espíritu y de su misión divina...*"

(Cap. I, ítem 4)

Él anduvo por caminos terrenos desprovistos de cualquier apego, consideración o aplauso.

Enseñó la excelencia del mensaje de amor en su grandeza superlativa y, al mismo tiempo, recorrió los caminos, desacompañado de sus padres o parientes, solicitando sin embargo la presencia espontánea de amigos amorosos que han absorbido sus lecciones inolvidables.

No tenía siquiera donde reclinar la cabeza, despojado de cualquier bien material; nunca tomaba decisiones precipitadas frente a actitudes positivas o negativas que ocurrian en su redor, todavía siempre reflexionaba con su estructura divina, pues tenía plena consciencia de su misión terrena a favor de la educación de una humanidad ignorante y sufridora.

Él afirmaba que todos deberían verse como hermanos o amigos, porque sabía que en potencial todos podrían venir a ser padres, hijos, cónyuges o hermanos, visto que son de la ley universal la reencarnación y la caminhada hacia un solo rebaño y un solo Pastor.

Independiente de todo y de todos, conocía la carretera a recorrer, pues estaba seguro en Sí mismo; de esa forma, hizo su trayectoria libre de convenciones y padrones preestablecidos, no aceptando prejuicios de ninguno matiz, una vez que sabía transitar con grandeza y dignidad por los caminos del mundo.

Criatura magnifica, retenía en su miente poderes que le permitían manipular desde la intimidad de la materia a las esencias más sutiles del alma humana.

Hombre generoso, siempre orientado hacia la Naturaleza, con la cual se integraba en plenitud.

Amaba a los lirios de los campos, los pájaros de los cielos, los montes arborizados, las brisas de la mañana, el agua de los lagos, los trigales y la propia naturaleza divina que hay en todo y todos.

Jesús ejemplificó las bellezas terrenas naturales, comparándolas con el Reino de los Cielos, haciendo de esa forma un eslabón divino, es decir, una ligación de amor entre los Cielos y la Tierra.

Nos enseñó a respetar inicialmente a las cosas de la Tierra, para que pudiéramos, entonces, amar las cosas de la Vida Mayor.

Aparentemente sucumbido en la cruz, nos mostró enseguida que venció al mundo en todos los aspectos.

Jesús podía "ver" con absoluta facilidad por detrás de las cortinas del teatro de la vida humana y tenía la nítida percepción de las intenciones más secretas.

Los seres humanos, para Jesús, eran verdaderos "libros

abiertos": su mirar penetraba el cerne de las almas, en donde conseguía alcanzar sus puntos flacos.

No sofocaba con la fuerza de su personalidad a aquéllos que Lo procuraban: al revés, afirmaba: "Todo depende de ti" o "Tu fe te curó". En otras ocasiones, os aconsejaba: "Va y no peques más", invitándolos a una vida auténtica y ofreciendo apoyo e incentivo a que construyeran la "Casa sobre la roca".

Fue Maestro por excelencia, porque se mantuvo lejos de los excesos en las relaciones: del exceso de "invitaciones", que promueve desmedido envolvimiento personal, dificultando la ayuda real, y del exceso de "indiferencia", que provoca falta de compasión y posicionamiento frío.

Preceptor de Almas, nos llevó a la reflexión íntima, o mejor, a la interiorización, cuando aseguró: "Yo estoy en el Padre y el Padre está en mí"[1], formalizando así la necesidad de nuestro alto conocimiento como base vital para alcanzar el Reino de los Cielos.

Sigamos a Él. Jesús es la Luz del Mundo, el Sol Fulgurante que calienta las almas del frío interior, de la desilusión y de la desesperanza.

Busquemos a Jesús ahora y siempre, porque sólo así estaremos caminando al encuentro de la paz tan deseada.

---

[1] Juan, 14:11.

Amar, sufrir no

"Preguntad si es permitido ablandar a vuestras propias pruebas; esa cuestión lleva a otra: ¿Es permitido a quien se ahoga procurar salvarse? A quien tiene una espina clavada, retirarla?..."

"...contentad vosotros con las pruebas que Dios os envía, y no aumentéis su carga, a veces tan pesada..."

(Cap. V, ítem 26)

Sufrimos porque aún no aprendimos a amar; al fin, la ley divina nos incentiva al amor como la única forma capaz de promover nuestro crecimiento espiritual.

Los métodos reales de evolución sólo suceden con nosotros cuando entramos en el flujo educativo del amor. Sufrir por sufrir no tiene ningún significado, pues el dolor tiene como función rescatar las almas para las fajas nobles de la vida, por donde transitan los que aman en plenitud.

Hemos acumulado muchas experiencias en las neblinas de los siglos, en estancias donde nuestras almas hicieron estadios y aprendieron invariablemente que sólo repararíamos nuestros desaciertos y equívocos ante la vida a través del binomio "dolor-castigo".

En las tradiciones de la mitología pagana, aprendemos con los dioses toda una postura marcada por el dolor. A principio, los duelos de Osiris, Set y Hórus, del Antiguo Egipto. Más adelante, asimilamos "formas-pensamientos" de las desavenencías y venganzas entre Neptuno y Júpiter en el Olimpo, la morada de los dioses de la Grecia.

Por otro lado, no fue solamente entre las religiones idólatras que incorporamos esas formas de convicción, sino también en los conceptos del Viejo Testamento, donde ejercitamos toda una forma de pensar, en la exaltación del dolor como uno de los procesos divinos para punir todos aquellos que se encontraban en falta.

La palabra "talión", derivada del latín "talis, -onis", significa "tal, igual" y se define como "Ley de Talión", que quiere decir "ojo por ojo, diente por diente".[1] Significa que al reo se imponía una pena igual al mal que había hecho a otro. Constatamos, así, que la idea que se tenía del poder divino se caracterizaba por atributos profundamente punitivos.

Job afirmaba: "…y Dios en su ira les repartirá los dolores";[2] el Génesis, al referirse a los castigos de la mujer; "multiplicaré tus trabajos y en medio al dolor darás hijos a la luz".[3] Estas son algunas de las muchas asertivas que nos llevaron a formar creencias profundas de que sólo el sufrimiento es capaz de sublimar las almas, o reparar negligencias, abusos y crímenes.

En el "Sermón de la Montaña", Jesús Cristo se refiere a la Ley de Talión, revocándola completamente. "Oíste lo que se ha dicho: Ojo por ojo y diente por diente. Yo, sin embargo, os digo que no resistais al mal; pero si alguien golpear vuestra faz derecha, presentad también la otra".[4] Largo ha sido el estiaje de los métodos correctivos por el dolor, todavía el Maestro instauró en la Tierra el proceso de educación por medio del amor.

A pesar de Jesús haber invalidado la ley de "tal crimen, tal castigo", ella aún prevalece para todos los seres humanos que no han encontrado en el amor una forma de "vivir" y "pensar".

Realmente, durante mucho tiempo, el dolor tendrá la función dentro de los imperativos de la vida, estimulando las personas a los cambios y renovaciones, por no aceptar que el amor cambia y renueva y, por lo tanto, se utiliza de los "cilicios mentales" como medio de suplicios y tormentos, de autopunición, poniendo así en práctica toda su ideología de "exaltación de la falta/punición".

Creencias no son simplemente credos, máximas o estímulos religiosos, sino también principios orientadores de la fe y de ideas, que nos proporcionan dirección en la vida. Son ellas verdaderas fuerzas que podrán limitar o ampliar la creación del bien en nuestra existencia.

Cambiar hacia el amor como método de crecimiento, reformulando ideas y reestructurando los valores antiguos es salir de la posición de víctimas, mártires o desdichados, facilitando la sintonización con las corrientes sutiles y llenas de amor de los espíritus nobles que, amando, se alzaron en la escala del Universo.

Podemos, sí, amando, "sutilizar" las energías de nuestro sufrimiento, o "desgastarlas" penosamente, si seguimos reafirmando nuestra creencia punitiva del pasado.

Clavar aún más la "espina clavada" o sacarla es opción nuestra. Debemos acordarnos, todavía, de que ideas arraigadas y adoptadas con seriedad por nosotros tienden a motivar su propia concretización.

---

[1] Êxodo 21:24.
[2] Libro de Job, 21:17.
[3] Génesis, 3:16.
[4] Mateos, 5:38 y 39.

Lágrimas

"*Bienaventurados aquellos que lloran, porque serán consolados. Bienaventurados aquéllos que tienen hambre y sed de justicia, porque serán saciados. Bienaventurados aquéllos que sufren persecución por la justicia, porque es para ellos el reino de los cielos.*"

(Cap. V, ítem 1)

Lágrimas son emociones materializadas que han rompido las barreras del cuerpo físico. En realidad, representan los excesos de energía que necesitamos extravasar.

Ni siempre son las mismas fuentes que determinan las lágrimas, pues variadas son las nacientes generadoras que las expelen por los ojos.

Lágrimas nacidas del amor materno se ven casi trivialmente en los ojos de las madres apasionadas por sus hijos.

Lágrimas de alegría llenan los ojos de los enamorados, por las emociones que sientem al trazar planes de felicidad y de amor.

Lágrimas son generadas por el dolor de quien ve el ente querido partir en los brazos de la muerte física, entre las esperanzas de reencontrarlo más tarde en la vida eterna.

Lágrimas de amigos que se aprietan las manos en las realizaciones y uniones prósperas son siempre nacientes puras de sana emotividad oriunda del corazón.

Hay, todavía, lágrimas creadas por los centros de desequilibrio, que más se asemejan a gotas de hiel, pues, cuando chorrean, congestionan los ojos, dejándolos con aspecto agresivo, de color carmín, entre energías malas que embrutecen la vida.

Lágrimas de envidia y rebelión brotan de los ojos de personas orgullosas y despechadas, cuando identifican criaturas que vencen obstáculos, alcanzando metas y exaltando las realizaciones dichosas que se han propuesto edificar.

Lágrimas de angustia y descomodidad humedecen los párpados de los inconformados y rebeldes, los cuales, por no respetar a sí mismos ni a otros, como consecuencia sufren todos los tipos de desencuentros en los caminos por donde transitan desesperados.

Lágrimas de pavor y libertinaje, en un análisis más profundo, son tóxicos destilados por la fisonomía de los corruptos, que lesionan a ancianos, niños y familias enteras en la busca desesperada de oro y poder.

Lágrimas disimuladas gotean de la faz de los hipócritas y seductores, los cuales, por estafar emociones, acreditan salir ilesos ante las leyes naturales de la vida.

Se cuenta que lágrimas espesas rolaran de los ojos de los ladrones crucificados al lado del Señor Jesús, en el Gólgota.

Las gotas de lágrimas del ladrón malo fecundaron, en el terreno de los sentimientos, las raíces de la reflexión y del discernimiento, permitiendo el entendimiento del porqué de los corazones rígidos e inflexibles. La humanidad ha aprendido que hay hora de plantar y tiempo de segar y que ni todos están aptos a comprender la esencia espiritual, naciendo, por lo tanto, de esa percepción el "perdón incondicional".

Pero de los ojos del ladrón bueno deslizaron lágrimas de aquellos que ya admitieron sus propios errores, vitalizando el suelo abundantemente y haciendo germinar las semillas poderosas que permiten a las consciencias en culpa usar siempre "amor incondicional" consigo mismas y con los demás, como forma de restaurar su vida, haciéndola mejor.

Eso ha hecho que los seres humanos se aproximaran cada vez más del nivel de la reparación y del inmenso poder de transformación que hay en ellos mismos, reformulando y reorganizando su vida. Se estableció así, en la Tierra, el "arrepentimiento" – sentimiento verdadero de remordimiento por las faltas cometidas y que sirve para renovación de conceptos y actitudes.

Al penetrar en tu interior, pondera tus lágrimas, analízalas y certifícate de los sentimientos que las provocaran.

Que sean sanas tus fuentes generadoras de emociones y que ese líquido cristalino que desliza por tu rostro te lleve al encuentro de la paz interior, entre los cimientos de una vida plena.

Los opuestos

"... *Como han seguido interrogándolo, Él se levantó y les dijo: Aquél de entre vosotros que estais sin pecado le tire la primera piedra. Después, bajándose de nuevo, continuó a escribir sobre la tierra...*"

(Cap. X, ítem 12)

"Aquél de entre vosotros que estais sin pecado le tire la primera piedra", así ha hablado Jesús Cristo frente a la mujer sorprendida en adulterio.

El Mestre conocía la intimidad de las criaturas humanas y las veía como si fueran un libro completamente abierto. Sabía de sus carencias y necesidades, según su grado evolutivo, bien como conocía todo el mecanismo proveniente de su "sombra", es decir, la suma de todo aquello que ellas no desean tener y ver en sí mismas.

El término "sombra" ha sido desarrollado por Carl Gustav Jung, eminente psiquiatra y psicólogo suizo, para conceptuar la totalidad de los lados rechazados de la realidad humana que permanecen inconscientes porque no queremos verlos.

Jesús sabía que todos allí presentes harían de aquella mujer un "chivo expiatorio" para aliviar de la culpa su consciencia, proyectando sobre ella sus sentimientos y emociones no aceptos y apedreándola sumariamente, conforme las leyes de la época. En consecuencia, todos allí reunidos se sentirían momentáneamente aliviados al ejecutarla y hasta "libres de pecados", pues en ella serían proyectados los llamados defectos repugnantes y despreciables, como se dijeran para sí mismos: "no tenemos nada a ver con eso".

El Maestro, todavía, los obligó a hacer una "introspección", impulsándolos a un viaje interior, indagando: "¿quién de vosotros no tenéis pecados?"

Somos, a todo instante, tentados a encubrir nuestras vulnerabilidades o "puntos flacos" por no aceptarnos como natural el hecho de que parte de nosotros es segura y generosa, mientras otra duda y es egoísta. Se hace necesario admitir nuestros "pecados" porque solamente de esta forma iremos confrontarnos con nuestros "desvanes cerrados" y promover nuestra maduración espiritual.

Admitiendo nuestros lados positivo y negativo, en otras palabras, nuestra "polaridad", pasaremos a observar nuestra ambivalencia, rechazando así las barreras que nos impiden de ser auténticos. Urge que reconozcamos nuestra condición humana de personas en proceso de desarrollo evolutivo.

Al asumir, todavía, nuestros "opuestos" como elementos naturales de la estructura humana (egoísmo-desinterés, dominación-sumisión, adulación-aversión, celos-indiferencia, malicia-ingenuidad, vanidad-negligencia, apego-apatía), aprendemos a no comportarnos como un péndulo – ora en un extremo, ora en el otro.

La báscula vuelve siempre al punto de equilibrio, y es justamente esa nuestra meta de aprendizaje en la Tierra. Ni avaricia, ni derroche, ni pereza, ni super-entusiasmo, ni tanto allá, ni tanto acá, todo con "ecuanimidad", es decir, dando igual importancia a los dos lados, a fin de encontrar el medio término.

Las polaridades unidas forman la totalidad, o la unidad, mismo porque nuestra visión depende de la unión de ambas partes, para que nuestras observaciones y estructuras no se vuelvan claudicantes. En suma, unir las polaridades en nuestra consciencia nos hace "unos" o seres totales.

Con esa determinación, vamos a adquirir un buen nivel de permeabilidad y conseguir trascender los límites e interconectar nuestros opuestos, atingiendo un estado de consciencia elevado, lo que permitirá que tanto nuestro consciente cuanto el inconsciente se hundan en una "unidad total".

Las pesquisas de la actualidad analizaron las mitades del cerebro y llegaron a la conclusión de que cada una tiene sus respectivas áreas, funciones y capacidades, donde actúan las diferentes responsabilidades de la psique humana.

El lado izquierdo cuida de la lógica, del lenguaje, de la lectura, de la escrita, de los cálculos, del tiempo, del pensamiento digital y lineal y del lado derecho del cuerpo, entre otras cosas, mientras que el derecho se prende a las percepciones de la forma, de la sensación de espacio, intuición, del simbolismo, del atemporal, de la música, del olfato, y del lado izquierdo del cuerpo, entre otras funciones.

Usar la totalidad del cerebro es tener una visión real de la vida que nos cerca; por lo tanto, con apenas mitad del cerebro tenemos la bipartición de la verdad, o mejor, a no-conexión de los opuestos.

El Maestro nos ha dicho: "Yo y mi Padre somos uno",[1] diciendo con eso que Él era pleno, pues veía todas las cosas en el Universo como un "todo", por medio de su consciencia iluminada e integrada.

Jesús no actuaba dividido en "pares opuestos". No pensaba y no sentía como hombre o mujer, sino como espíritu eterno; no visualizaba el interior y exterior, antes observaba el Universo y a nosotros por entero, "dentro y fuera", argumentando que el "Reino de Dios" y "las muchas moradas de la Casa del Padre" estaban en el exterior y, al mismo tiempo, en el interior.

Por eso, no hay nada a corregir o a arreglar en nosotros, excepto que debemos mejorar nuestra propia forma de ver las cosas, aprendiendo a conocer ampliamente las ligaciones entre los opuestos, a fin de atingir el equilibrio perfecto.

"Pecado", en síntesis, son los extremos de nuestra polaridad existencial. De ahí deriva la afirmación de Jesús de Nazaré a los hombres que solamente tenian en cuenta uno de los lados del hecho en aquel juzgamiento y que, al mismo tiempo, escondían sentimientos y emociones que les gustarían que no existieran.

En suma, la herramienta vital para ligar los opuestos se llama amor, porque amar es buscar la unificación de las personas y de las cosas, ya que su función es hundir y no dividir. El amor tiene que ser absolutamente incondicional porque, mientras sea selectivo y preferencial, no será el amor real. Quien ama realmente constituye un "nosotros", es decir, "uno", sin anular el propio "yo".

El sol emite rayos para todas las criaturas y no distribuye su luminosidad segundo el merecimiento de cada uno. Así también es el amor del Maestro: no diferencia buenos y malos, ciertos y errados, poderosos y simples, no separa ni divide, simplemente ama a todos, por su propio placer de amar.

---
[1] Juan, 10:30.

Apariencias

"*El árbol que produce malos frutos no es bueno, y el árbol que produce buenos frutos no es malo, porque cada árbol se conoce por su propio fruto. No se cogen higos de las espinas y no se cortan racimos de uva de sobre las zarzas...*"

(Cap. XXI, ítem 1)

Huimos constantemente de los sentimientos íntimos porque confiamos en nuestro poder personal de transformación y, de esa forma, forjamos un "disfrace" cuando nos presentamos ante otras personas.

Anulamos cualquier emoción que juzgamos inconveniente, diciendo para nosotros mismos: "nunca siento rabia", "nunca guardo magua de nadie" asumiendo así una apariencia de falsa humildad y comprensión.

Máscaras hacen parte de nuestra existencia, porque no somos totalmente buenos ni totalmente malos y no podemos huir de nuestras peleas internas. Tenemos que confrontarlas, porque solamente así desbloquearemos nuestros conflictos, que son las causas que nos mantienen prisioneros ante la vida.

Debemos analizarnos como realmente somos.

Nuestros problemas íntimos, si resueltos con madurez, responsabilidad y aceptación, son herramientas que facilitan la construcción de cimientos más vigorosos y nos ayudan a alcanzar un nivel más elevado de lucidez y crecimiento.

No debemos nunca mantenerlos escondidos de nosotros, como se fueran cosas hediondas, y sí aceptar esas emociones que emergen de nuestro lado oscuro, para que podamos vernos como realmente somos.

Cuando no admitimos que evolucionar es experimentar choques existenciales y promover un constante estado de transformación interior, a veces dejamos que otros decidan quien realmente somos nosotros, colocándonos, entonces, en un estado de enorme impotencia frente a nuestra vida.

La manera como las otras personas nos perciben tiene gran influencia sobre nosotros. Amigos opresores, religiosos fanáticos, padres dominadores y cónyuges inflexibles pueden haber ejercido mucha influencia sobre nuestras aptitudes y hasta sobre nuestra personalidad.

Por lo tanto, no actuemos como seres superiores, aparentando comportamientos de "perfección apresada"; eso psíquicamente no hará bien a nosotros y ni al menos nos dará la oportunidad de hacer autoperfeccionamiento.

Dejemos de falsas apariencias y analicemos nuestras emociones y sentimientos, perfeccionándolos. Canalizadas nuestras energías, haremos con ellas una catarsis de los flujos negativos, trasmutándolas a fin de integrarlas adecuadamente.

Aceptar nuestra porción amarga es el primer paso para la transformación, sin huir para otro local, empleo o nuevos afectos, porque eso no irá librarnos del sabor indeseable, apenas nos transportará a un nuevo cuadro externo. Nuestros conflictos no conocen las divisas de la geografía y, si no los afrontamos y solucionamos, van a permanecer con nosotros donde quiera que estemos en la Tierra.

Para que podamos hacer una alquimia con las corrientes energéticas que circulan en nuestra alma, debemos proceder a una autoobservación y autoanálisis de nuestra vida interior, sin negar jamás el producto resultante de ellas.

Recordémonos de que, por más que se esfuercen los malos árboles para parecer buenos, todavía no conseguirán producir buenos frutos. También los hombres serán reconocidos no por los "frutos" aparentes, no por manifestar actos y actitudes mascaradas de virtudes, sino por ser criaturas bien trabajadas interiormente y conscientes de como funciona su mundo emocional.

Solamente personas con ese comportamiento estarán aptas a ser árboles que produzcan frutos realmente buenos.

Rama verde

"... *A partir del nacimiento, sus ideas retoman gradualmente impulso, a medida que se desarrollan sus órganos..."*
"...Durante el tiempo en que sus instintos dormitan, él es más flexible y, por eso mismo, más accesible a las impresiones que pueden modificar su naturaleza y hacerlo progresar..."

(Cap. VIII, ítem 4)

Cuando niños, somos como "arcilla frágil" o como una "rama verde", listos para ser modelados o conducidos por nuestros padres, que tienen, entre sus principales tareas, la misión de ayudarnos a desarrollar nuestros potenciales. Gran parte de nuestras percepciones y reacciones emocionales se deben a la influencia de los adultos con quienes vivimos o hemos vivido. Desde el nacimiento, somos todos extremamente sensibles al ambiente en que hemos crecido; por eso los adultos deben meditar sobre las posturas que asumirán ante los niños, porque ellas van a tener mucha importancia en su desarrollo futuro.

Determinados actos en el ambiente familiar pueden "mejorar" y ayudar a "desenvolver", o "deteriorar" e "inhibir" la organización psico-espiritual de la personalidad infantil.

Un punto básico para que se comprenda y acepte los conceptos de educación en profundidad es el hecho de que los niños, en la fase inicial de su desenvolvimiento, son "forzados" a aceptar las reglas de los padres, que olvidan que los hijos no son "libros en blanco", sino almas antiguas que traen enorme equipaje de experiencias en su "currículo" espiritual.

Cada niño es un mundo a parte. Aunque hayan necesidades generalizadas con respecto a todos, también la individualidad de cada uno debe ser respetada, pues los hijos, hasta los de una sola familia, son diferentes entre sí, incluso los gemelos.

Es impracticable intentar vestir manos diferentes con los mismos guantes o encuadrar todos los niños en un padrón educativo único.

No se puede determinar modelos, recetas y actitudes absolutamente fijas y rígidas. Se acepta con flexibilidad que cada niño venga a tener su importancia a medida que desarrolle su personalidad.

Correr, jugar, estudiar, comer y ser educados convenientemente, además de ser cosas necesarias, son algo que les gusta a todos los niños, pero cada uno tendrá características peculiares y no podrá correr, jugar, estudiar y comer igual que sus semejantes, en los mismos moldes o figurines.

Otro punto importante es que, en muchas circunstancias, las reacciones de los padres con respecto a educación no atienden básicamente a las necesidades de los hijos, sino a las suyas. Inconscientemente, intentan educarlos por medio de las proyecciones de sus conflictos, frustraciones y problemas personales, nunca alcanzando una dinámica profunda y orientada hacia las reales necesidades de los hijos. Algunos adultos proyectan sus dificultades internas en la vida del niño, intentando resolver sus dificultades a través de los problemas infantiles, sintiéndose destrozados o victoriosos conforme las derrotas o triunfos de los hijos. El resultado de eso todo será una persona que llega a la mayoridad completamente desconectada de sus realidades y profundamente desorientada.

Un hecho a destacar es el sufrimiento de los hijos en razón de constantes actitudes inhibitorias provocadas por adultos que se comportan con excesivo control y cuidado extremado. Impiden que los niños expresen gestos y raciocinios espontáneos, bien como su forma de ser. Les quitan el coraje de explorar sus ideas innatas y no les estimulan las vocaciones naturales, alterando las actividades para las cuales tendrían una habilidad instintiva y aptitudes apropiadas, impediendo el desarrollo de su índole, en fin, perjudicándolos.

Así, debemos ser cuidadosos en el análisis de nuestras influencias paternales sobre los hijos, porque en "nombre de la misión" o de la "educación filial" no es lícito forzar o destorcer las "ramas verdes", imponiéndoles opiniones y decisiones y dejando de proporcionarles de forma gradual el hábito de hacer sus elecciones por si propias. Muy protegidos contra los errores, defendidos de los problemas y dificultades, crecen a la sombra de sus padres, indecisos hasta ante la más sencilla opción, en una situación de dependencia y apego que se prolonga, en muchos casos, por toda la encarnación presente y también, ¿por qué no?, en las futuras.

"A partir del nacimiento, sus ideas gradualmente retoman impulso, a medida que se desarrollan sus órganos"[1] y los niños pasan a tener más posibilidad de expresarse como ellos realmente son. A partir de ahí, deben ser educados de forma coherente con su carácter instintivo y rasgos de personalidad – fruto de los conocimientos que adquirieron en las existencias anteriores. Nunca, todavía, educándolos según los padrones de coerción, exigencia, comparación, crítica constante o de superprotección – factores de inseguridad y de desajustes psicológicos profundos.

Padres generosos, de espíritu totalmente exento de crítica destructiva, se aproximan de los hijos con el objetivo real de lapidarlos en un clima constante de mucho amor y comprensión, jamás olvidando que ellos no son suyos, sino "almas eternas" que atraviesan un estadio temporal en el recinto de su hogar. Son criaturas de Dios a camino de la luz.

---
[1] *El Evangelio según el Espiritismo*, cap. XIII, ítem 4.

El amor que tengo es aquél que doy

"*En sus comienzos, el hombre no tiene sino instintos; más avanzado y corrompido sólo tiene sensaciones: más instruido y purificado tiene sentimientos; y el punto delicado del sentimiento es el amor, no el amor en el sentido vulgar del término, pero este sol interior...*"
(Cap. XI, ítem 8)

Solamente se da aquello que se posee. ¿Cómo, pues, exigir amor de alguien que aun no sabe amar?

¿Cómo exigir respeto y consideración de criaturas que no llegaron aun al punto delicado del sentimiento que es el amor?

Quien da afecto recoge la felicidad de ver multiplicado aquello que ha dado, pero solamente damos de acuerdo con aquello de que podemos disponer en el acto de la donación.

Hay en el planeta diversidades de evolución. Hombres mal salidos del primitivismo campean en la sociedad moderna, ensayando los primeros pasos del instinto natural hacia la sensibilidad amorosa.

Presentamos, a seguir, una breve relación de síntomas de comportamiento que se manifiestan en las criaturas, confundiendo el amor que liberta y desea el bien de la otra persona con la atracción egoísta que se apropia de alguien y simplemente desea:

• Hay individuos que, para conquistar una persona y convencerla de sus habilidades y valores, cuentan ventajas, persuadiendo también a sí mismos, porque creen que para amar es necesario presentar credenciales y laureles, satisfaciendo así las expectativas de aquéllos que pueden aceptarlo o recusarlo.

• Hay criaturas que intentan amar al otro comprándolo, omitiendo y negando sus necesidades y metas existenciales, abandonando todo lo que para ellas es más caro e íntimo y después, por haber abierto mano de todos sus gustos y deseos, pierden el sentido de su propia vida, terminando desastrosamente sus relaciones.

• Algunos delegan el control de sí mismos a otros, cometiendo así, en "nombre del amor" el desatino de renunciar al propio sentido de dignidad, componente vital de la felicidad. No es de sorprender que vivan vacíos y torturados, pues se tornaron "un nada" al permitir que esto ocurriera.

• Otros tantos se valen de la mentira para encubrir realidades y esconder conflictos. Convictos de que tienen de ser perfectos para ser amados, temen la verdad por las supuestas flaquezas suyas que ella pueda exponer. Acaban afectivamente fracasados por falta de honestidad y sinceridad.

• Hay criaturas que afirman categóricamente que aman, pero tratan el ser amado como propiedad particular. Como no confían en sí mismas, generan creencias ciegas de que precisan cuidar de alguien, protegerlo, cuando en la realidad lo sofocan y manipulan, creando una convivencia insoportable y cansativa.

Una de las características más tristes de aquellos que dicen saber amar es la actitud sumisa de los que nunca dicen "no", convencidos de que, siendo siempre pasivos en todo, van a recibir cariño y estima. Ese tipo de comportamiento lleva las personas a concordar siempre con lo que sea y en cualquier momento, lo que les trae desconsideración y una vida sin ninguna satisfacción.

Solicitar a alguien algo que él aun no puede dar es no respetar sus limitaciones emocionales, mentales y espirituales, o sea, su edad evolutiva.

Forzar padres, hijos, amigos o cónyuge a llenar tu vacío interior con un amor que no das a ti mismo, por olvidar tus propios recursos y posibilidades, es insensato de tu parte.

Es dando que se recibe; por lo tanto, cabe a ti mismo administrar tus carencias afectivas y hacer por ti lo que gustarías que otros te hicieran.

No pidas amor y afecto; antes de todo, debes darlos a ti mismo y enseguida a otros, sin cobrar tasas de gratitud y reconocimiento. El importante es que sigas los pasos de Jesús en la donación del amor abundante, sin jamás exigirlo de nadie y ni olvidar jamás que eres responsable por tus sentimientos.

Cuanto a los otros, sean quien sean, ellos responderán por sí mismos conforme su libre albedrío y maduración espiritual.

Palabras y actitudes

"Ni todos los que dicen '¡Señor! ¡Señor!' entrarán en el reino de los cielos; solamente entrará aquél que hace la voluntad de mi Padre, que está en los cielos..."

(Cap. XVIII, ítem 6)

Los buenos diccionarios definen el término "comunicación" como el acto o efecto de transmitir y recibir mensajes, lo que puede envolver dos o más personas. Es el proceso de permutar conceptos, gestos, ideales, o conocimientos, hablando, escribiendo o haciéndolo mediante el simbolismo de las señales y expresiones.

Mientras la conversación entre dos individuos tiene un carácter más restricto de comunicación, las actitudes que acompañan los diálogos poseen un poder de comunicación más amplio, elocuente y determinante.

El mecanismo que envuelve la comunicación se divide en tres propiedades básicas de los seres humanos y se hace posible porque usamos nuestra "percepción" o "sensibilidad" para captar informaciones; después la "evaluamos" para poder interpretar y comprender el mensaje; y, finalmente, "nos expresamos" con palabras o actitudes basadas en las reacciones emocionales provocadas por la manera como integramos aquel mismo mensaje.

Las circunstancias existenciales de nuestra vida de relación son el resultado directo de nuestras actitudes interiores.

Debemos prestar atención en los contenidos de información que recibimos, no solamente a través de los mensajes directos, sino también de aquéllos que absorbemos entre contenidos simbólicos, inconscientes y subentendidos, en la llamada comunicación "allende de la comunicación" convencional.

Jesús Cristo consideró la importancia de la palabra aliada a la creencia, cuando dijo: "No afectad orar mucho en vuestras preces, como hacen los gentiles, que creen ser por el gran número de palabras que serán atendidos".[1]

El Maestro ha dicho que no habría de ser por "el gran número de palabras" que nuestras súplicas serían atendidas, sino que los sentimientos silenciosos serían factores esenciales, o sea, la sinceridad provista de voluntad firme, intensidad y determinación, unidas por la "convicción", serían consecuentemente la forma ideal de hacer nuestros pedidos y súplicas a la Divinidad.

El simple pedido labial no tiene la misma potencia del pedido estructurado en pensamientos concretos y actitudes interiores firmes.

Decir por decir "¡Señor! ¡Señor!" no dará a nosotros permiso para ingresar en el Reino de los Cielos, "sino que solamente entrarán aquellos que hacen la voluntad de mi Padre", es decir, los que usan el deseo y el empeño como palancas propulsoras en sus palabras y solicitaciones.

Los estudiosos del comportamiento dicen que todos nosotros, desde la niñez, recibimos, por medio de la comunicación, un mayor o menor desenvolvimiento psico-emocional.

Afirman ellos que las informaciones recibidas a través de los órganos de la fonación (lenguaje) – esencialmente en casa, de los padres y hermanos, o fuera de la familia, de los tíos, primos, abuelos o amigos – actúan sobre nosotros ofreciendo recursos valiosos y determinantes a nuestro modo de pensar, atrayendo personas y cosas al nuestro alrededor. Ciertas informaciones, sin embargo, captadas por los niños y adolescentes, explican esos mismos estudiosos, son trasmitidas a través de la comunicación no-verbal: movimientos corporales, mímicas, expresiones faciales, tonalidades, suspiros, lágrimas, gestos de contrariedad o movimiento de manos. El comportamiento, las expresiones cariñosas y los monólogos de la madre con el feto en la vida intra-uterina son comunicaciones que influencian mucho la estructura emocional y espiritual de los niños en formación.

Todos nosotros recibimos y transmitimos mensajes articuladas constantemente, reteniendo o no esas mismas informaciones. Realizamos sumas o sustracciones mentales con palabras y actitudes vivenciadas hoy con otras recibidas ayer, para llegar a nuevos conceptos y conclusiones de la realidad.

Reconstituimos ocurrencias pasadas, antevemos hechos futuros, iniciamos y alteramos procesos fisiológicos en la intimidad de nuestro organismo, con las afirmaciones verbales negativas y positivas que hacemos. Así, comprendemos que la palabra tiene una importancia innegable: ella crea vínculos de naturaleza mental, emocional y psicológica, altera el intercambio psíquico/espiritual y actúa en la formación de nuestra personalidad mediante la integración palabras/actitudes.

En síntesis, el poder de la palabra en nuestra vida es fundamental y, si observamos la reacción de nuestras afirmaciones y actos, descubrimos que ellos jamás retornarán vacíos, sino repletos del material emitido.

Según el apóstol Mateos, "por nuestras palabras seremos justificados, y por nuestras palabras seremos condenados",[2] pues diálogos son pensamientos que se sonorizan y crean campos de energía condensada dentro y fuera de nosotros.

Reformulemos, si es el caso, las comunicaciones o actitudes que hemos recibido en la niñez. Si por casualidad han sido de severidad y rispidez, se nos han menospreciado con mensajes negativas constantes, repetitivas y de desprecio, podrán ser ellas la razón de nuestros sentimientos de inferioridad, rechazo y agresividad compulsoria.

No diga "¡qué día horrible!" porque simplemente está lloviendo. La dramatización es uno de los factores traumáticos de nuestra existencia, pues muchas de esas expresiones sin pretensión, si repetidas muchas veces, pueden conducirnos a las verdaderas turbulencias en la vida.

Nuestras palabras son filamentos sonoros revestidos de sentimientos, y las actitudes que tomamos son el resultado de expresiones aprendidas y determinadas por nuestro comportamiento mental.

---

[1] Mateos, 6:7.
[2] Mateos, 12:37.

Creencias y carma

"...¿A quien, pues, culpar de todas sus aflicciones sino a sí mismo? El hombre es, así, en un gran número de casos, el artífice de sus propios infortunios; pero en vez de reconocerlo, cree ser más simple, menos humillante para su vanidad, acusar a la suerte, la Providencia..."
(Cap. V, ítem 4)

Mentalidad es capacidad intelectual, es manera de pensar, o sea, es el conjunto de creencias, costumbres, hábitos y disposiciones psíquicas de un individuo. Son registros profundos situados en el cuerpo espiritual, raíces de nuestro modo de actuar y pensar, acumulados en la noche de los tiempos.

Nuestra mentalidad atrae todo aquello que irradiamos consciente o inconscientemente. Sin embargo, mantenemos algunos conceptos que atraen prosperidad y nos hacen muy bien; otros tantos nos desconectan del progreso y de la realidad espiritual.

Como aún no vemos a las cosas sin el manto de la ilusión, creemos en premios y castigos; en realidad, soportamos solamente las consecuencias de nuestros actos.

De esa forma, todo lo que pasa en tu vida es producto de tus creencias y pensamientos que se materializan; no se trata, pues, de puniciones ni de recompensas, sino de reacciones que surgen a partir de tus acciones mentales.

Ciertas ideas sobre el carma no condicen con la coherencia y la lógica de la reencarnación, llevando a interpretaciones destorcidas e irreales sobre las Leyes Divinas.

Carma, en sánscrito, quiere decir simplemente "acción".

Tus acciones, o sea, tus carmas son positivos o negativos, de conformidad con lo que hiciste y según tus convicciones y valores personales.

Dios no juzga los actos personales, pero ha creado leyes perfectas que dirigen el Universo. Como tienes el libre albedrío como patrimonio, debes admitir que la vida nos da a todos oportunidades iguales: la diferencia está en la credulidad de cada uno.

A seguir, algunas formas negativas de pensar: "No puedo cambiar, es mi carma", "Tengo que sufrir mucho, son errores del pasado".

Cuando arrojamos algo para delante, el objeto tendrá la fuerza y la dirección que le hemos imprimido. Si continuamos, pues, a lanzarlo, en cambio recibiremos sucesivos retornos con relativa frecuencia e intensidad, según nuestra acción al tirarlo.

Son así tus carmas: actos y actitudes que repites seguidas veces, vida tras vida, recibiendo, como consecuencia, las reacciones decurrentes de tu libertad de actuar.

¿Por qué, entonces, no cambias tu carma?

Jesús dijo que las acciones benevolentes impiden los efectos negativos, al aseverar: "Mucho le fue perdonado porque mucho amó, pero a quien poco se perdona, es porque poco ama".[1] O aun: "El amor cubre la multitud de pecados".[2]

Algunas religiones y sociedades vengativas y condenadoras impusieron la creencia de la punición como forma de rescatar la consciencia intranquila frente a las leyes morales. Otras, más radicales aun, decían que solamente el sufrimiento es el castigo, hasta la "cuarta generación"[3] eran el tributo necesario para que las criaturas pudieran armonizarse ante el tribunal sagrado, olvidando con eso que la Providencia Divina usa como método real de evolución sólo la educación y el amor.

Aquél que mucho ha amado fue perdonado, no aquél que mucho ha sufrido. Ha sido el amor que cubrió, es decir, rescató la multitud de los pecados, no la punición o el castigo.

El sufrimiento sólo nos sirve de "transporte de almas", de retorno al amor, de donde salimos, fruto de la Paternidad Divina. La función del dolor es ampliar horizontes para realmente vislumbrar los concretos caminos amorosos del equilibrio.

Así como es posible cambiar el modo como lanzas un objeto, repiensa y cambia también tus acciones, disminuyendo intensidades y frecuencias y recreando nuevos trayectos en tu existencia.

Transformar acciones amando es alternar tu carma para mejor, atrayendo personas y situaciones armoniosas para junto de ti.

---

[1] Lucas, 7:47.
[2] I Pedro, 4:8.
[3] Éxodo, 34:7.

El arte de la aceptación

"... *&l hombre puede ablandar o aumentar la amargura de sus pruebas según la manera como encara la vida terrestre...*"
"...*contentarse con su posición sin envidiar la que tienen otros, atenuar la impresión moral de los reveses y decepciones que experimenta; ...extrae de eso una calma y una resignación...*"

(Cap. V, ítem 13)

Aceptar la propia realidad representa un acto benéfico para nuestra vida. La aceptación nos trae paz y lucidez mental, lo que nos permite visualizar el punto principal de la partida y realizar satisfactoriamente nuestra transformación interior.

Sólo conseguimos modificar aquello que admitimos y vemos claramente en nosotros mismos, es decir, si imaginamos otra persona, viviendo en un ambiente distinto, no tenemos como hacer un buen contacto con el presente y, consecuentemente, conocer la realidad.

A propósito, muchos de nosotros fantaseamos lo que podríamos ser, no conviviendo, todavía, con nuestra persona real. Despendemos de esa forma enorme cantidad de energía, porque cargamos constantemente una serie de máscaras, como si fueran utilitarios permanentes.

La actitud de aceptación es casi siempre característica de los adultos serenos, firmes y equilibrados, a la cual se suma el estímulo que ellos poseen de sentido de justicia, ya que ven la vida a través del prisma de la eternidad. Esos individuos retienen un considerable "coeficiente evolutivo", deduciéndose de ahí que poseen ya un potencial de aceptación, pues aprendieron a respetar los mecanismos de la vida, acumulando pacíficamente las experiencias necesarias a su maduración y desenvolvimiento espiritual.

Cuando no enfrentamos a los hechos existenciales con plena aceptación, creamos casi siempre una estructura mental de defensa. Somos llevados a reaccionar con "actitudes de negación", que son en verdad muelles que amenizan los golpes contra nuestra alma. Consideradas fenómeno psicológico de "reacción natural e instintiva" a los dolores, conflictos, cambios, pierdas y deserciones, por algún tiempo alivíanos de los temblores de la vida, hasta que podamos reunir más fuerzas para enfrentarlos y aceptarlos verdaderamente en el futuro.

No es que estemos negando que somos tercos u obstinados, como piensan algunos; no estamos ni aun mintiendo a nosotros propios. Por otra parte, "negar no es mentir", sino no permitirse "tomar consciencia" de la realidad.

Tal vez ese mecanismo de defensa nos sirva durante algún tiempo; después pasa a impedirnos de crecer y a danificar profundamente nuestros anhelos de elevación y progreso.

Autoaceptación es recibir sin oposición lo que somos y como somos. No la confundamos con una "rendición conformada", que hace que nada más importe. De hecho, lo que pasa es que, al aceptarnos, se inicia el fin de nuestra rivalidad con nosotros mismos. A partir de eso, nos quedamos al lado de nuestra realidad en lugar de combatirla.

Dice el texto: "El hombre puede ablandar o aumentar la

amargura de sus pruebas por la manera como encara la vida terrestre". Aceptación es así una manera nueva de "encarar" las circunstancias de la vida, para que la "fuerza del progreso" encuentre espacios y no más límites en el alma hasta entonces restricta, pues la "vida terrena" nada más es que relacionarse consigo mismo y con las demás personas en el contexto social en que se vive.

Aceptar es oír calmamente las sugestiones del mundo, prestando atención en los "dueños de la verdad" y admitiendo el modo de ser ajeno, pero sin dejar de respetar a nosotros mismos, siendo lo que realmente somos y haciendo lo que creemos que nos sea adecuado.

En vista de eso, concluimos que aceptar no es adaptarse a un modo conformista y triste de como todo ocurre, ni soportar o permitir cualquier tipo de falta de respeto o abuso en relación a nuestra persona; antes, es tener la habilidad necesaria para admitir realidades, evaluar acontecimientos y promover cambios, solucionando así los conflictos existenciales. Es caminar siempre con autonomía para poder atingir los objetivos establecidos.

Vínculos familiares

"...*La afición real de alma a alma es únicamente lo que sobrevive a la consunción del cuerpo, porque los seres que no se unen en este mundo sino por los sentidos no tienen motivo alguno para se buscar en el mundo de los Espíritus. De durables no hay sino las aficiones espirituales...*"

(Cap. IV, ítem 18)

En rigor, familia es una institución social que comprende individuos ligados entre sí por lazos de sangre.

La formación del grupo familiar tiene como finalidad la educación, pero implica otros tantos factores, como amor, atención, comprensión, coherencia y, sobretodo, respeto a la individualidad de cada componente del grupo doméstico.

En el ámbito del Espiritismo, sin embargo, ese concepto de familia se ensancha, porque los viejos modelos patriarcales impositivos y machistas del pasado ceden lugar a un clan familiar que tiene una visión más amplia de la vivencia colectiva cuya base es la reencarnación. Por admitir que los lazos de parentesco son preexistentes a la jornada del presente, los prejuicios de color, sangre, sociales y afectivos caen por tierra, ante la posibilidad de retorno de las almas al mismo domicilio, ocupando rasgos físicos conforme las necesidades evolutivas.

Las aficiones reales del espíritu sobreviven a la consunción del cuerpo y permanecen indisolubles y eternas, nutriéndose cada vez más de mutuas afinidades, mientras las atracciones materiales, cuyo único objetivo son las ilusiones pasajeras y los intereses del orgullo, se extinguen con la "causa que los hizo nacer".

Así, se ven familias que adoptan la "eliminación casi total de la vida particular". Focalizan la atención exclusivamente en el grupo familiar, cuyos integrantes viven neuróticamente unos para los otros. Bloquean sus derechos a vida propia, libertad para actuar y pensar y al proceso de desenvolvimiento espiritual, para se ocupar de cuidados improductivos y de alienarse uno al otro. Viven uno en relación al otro en una "simbiosis enfermiza".

Las personas que viven presas en esa relación de permuta egoísta afirman para sí mismos: "Si me sacrifico por alguien, exijo que él se dedique a mí". No se trata de caridad, sino de compromisos impuestos entre dos o más individuos de vivir juntos, visando al "bienestar familiar". En verdad, no están ejercitando el discernimiento necesario para percibir la auténtica satisfacción de cada uno como persona.

No nos referimos aquí al compañerismo afectivo, tan reconfortante y vital a la familia, sino a una postura obligatoria en la cual individuos se vigilan y encarcelan recíprocamente.

Así, también hay familias que no se han formado por aficiones sinceras; que hacen comparaciones y observan características de otros grupos familiares que les causan envidia, buscando copiarlos a cualquier costo: son los llamados "alpinistas sociales".

Trataron de formar el hogar inspirados en modelos de elegancia y en peculiaridades obstinadas de afectación social, moldando el recinto doméstico que idealizan a su gusto, de acuerdo con lo que creen ser "chic".

Se visten según la imagen que hacen de otros, comparan coches, muebles, gustos y comidas; niegan a cada miembro, de forma nociva, su verdadera vocación, intentando siempre copiar modos de vivir que no condicen con sus reales motivaciones.

Hay aun otras agremiaciones familiares denominadas "exhibicionistas", en que los miembros del hogar se asocian para suplir la necesidad que nutren de ser vistos, oídos, apreciados y admirados. Se ayudan mutuamente, resaltando uno la imagen del otro y focalizando áreas que pueden valorizarse por el social, como, por ejemplo, la belleza física o los recursos financieros.

Las personas que se sienten vanidosas con respecto a ese tipo familiar, cuando tienen éxito o son conceptuadas, exhíbense sistemáticamente delante de todos, como forma de compensar el orgullo de que están revestidas.

De ese modo, los lazos de familia formados en bases de fidelidad, amor, respeto y dedicación perdurarán por la Eternidad y serán cada vez más fortalecidos. Los espíritus simpáticos que participan de esas uniones disfrutan una felicidad perfecta por estar trabajando juntos para su progreso espiritual. "Cuanto a las personas que se unen por un único motivo de interés, éstas no están realmente en nada unidas una a la otra: la muerte las separa en la Tierra como en el cielo",[1] conforme nos certifica literalmente el texto de *El Evangelio según el Espiritismo*.

---

[1] *El Evangelio según el Espiritismo*, cap. IV, ítem 18.

Ventajas del olvido

"... Si Dios juzgó conveniente lanzar un velo sobre el pasado, es porque eso debía ser útil..."
"...Dios nos dio, para que mejoremos exactamente aquello que necesitamos y puede bastarnos: la voz de la consciencia y nuestras tendencias instintivas, y quítanos lo que podría perjudicarnos!
(Cap. V, ítem 11)

Hay criaturas en las cuales es visible el rechazo a aceptar las cosas nuevas que van surgiendo en su trayectoria de vida. La Naturaleza en nosotros es fuerza de progreso, y los hombres están siempre en evolución, aunque no de manera simultanea y de la misma forma, sino naturalmente, obedeciendo a su propio ritmo.

El nivel de salud mental es medido a partir del grado de adaptación de la criatura al flujo de las nuevas ideas que aparecen de tiempos en tiempos, como factores de progreso de las almas.

Sin embargo, algunas personas sienten orgullo de proclamarse conservadoras, olvidándose de que el "comodista", por miedo o estagnación, pierde su libertad por no querer correr el riesgo de salir del lugar común.

Están siempre recordando una época de felicidad, suspirando por sueños antiguos que no se realizaron, reviviendo el pasado, repisando no sólo las suyas como también las opiniones erradas de otras personas y justificándose, agarradas a las recordaciones de vidas pasadas.

Viven presas en los "ecos del pretérito", sin productividad, sin retirar ningún beneficio de la observación de los hechos, por no saber integrar pasado y presente.

Se tuvieran algún interés por una sola experiencia nueva, tal vez promovieran cambios lucrativos en sus modelos mentales. Pasan por diversas experiencias, no aprendiendo una única lección.

A cada etapa de la existencia, nosotros acumulamos valores intelectuales y emocionales que nos hacen sensiblemente diferentes de cómo éramos poco tiempo atrás. A todo momento se nos presentan oportunidades de modificar y mejorar nuestras concepciones de vida, estimuladas por las circunstancias vivenciadas en las múltiplas experiencias de antiguas encarnaciones que tuvimos.

¿Por qué, entonces, no dejar que pase el pasado?

Nosotros nos quedamos presos a ideas y conceptos que en determinadas épocas de nuestra vida han sido válidos; actualmente, todavía, renovación y libertad de los rancios del pretérito a favor de un presente actuante y ventajoso son algo que hoy se impone.

Cuando se oye la formulación de ideas nuevas, se las toman por viejas ideas o se cree que se las puedan interpretar o explicar con el auxilio de los viejos conceptos. Estamos de tal manera arraigados al pasado que dejamos de creer que puedan existir nuevas maneras de ver e interpretar las cosas.

"Nadie pone un remiendo de tela nuevo en una ropa vieja, porque le quitaría la consistencia, y el rasgón se quedaría peor",[1] ha observado Jesús Cristo a los que, frente a las nuevas enseñanzas de las cuales Él era portador, aún permanecían presos a las costumbres y prácticas farisaicas que impedían los impulsos de madurez de las almas.

"Si Dios juzgó conveniente lanzar un velo sobre el pasado, lo hizo porque eso debía ser útil."

El momento presente es el ideal para nuestro progreso, y nosotros sólo podemos "sentir el aquí y el ahora", pues intentar sentir el ayer es "resentirse", por consecuencia, ni siempre son válidas y auténticas las emociones de ayer para evaluación de nuestro tiempo presente.

Esencialmente, la voz de la consciencia y nuestras tendencias instintivas son los mejores medios de acción, conforme nos indica el texto en estudio.

Cada día es una nueva oportunidad de librarnos de viejos conceptos, ideas fijas y reflexiones obsoletas. Aprovechemos, por lo tanto, la "ventaja del olvido" que nos concede la Divina Providencia, para transformar nuestra presente encarnación en fuente de nuevos suministros destinados a hacer más felices las encarnaciones futuras.

---

[1] Mateos, 9:16.

El "cisco" y la "trabe"

"¿Por qué veis un cisco en el ojo de vuestro hermano, vosotros que no veis una trabe en vuestro ojo? O cómo decis a vuestro hermano: '¿Dejadme sacar el cisco de vuestro ojo', vosotros que tenéis una trabe en el vuestro? Hipócritas, sacad primero la trabe de vuestro ojo, y entonces ved como podéis sacar el cisco del ojo de vuestro hermano."

(Cap. X, ítem 9)

Los individuos en plenitud no niegan sus emociones, al contrario, permiten que vengan a tona, y estando bajo su control reconocen lo que están mostrándoles sobre sus sentimientos, inclinaciones y relaciones con las personas.

Las emociones deben ser "integradas", o sea, primeramente, debemos permitirnos "sentirlas", enseguida, juzgarlas y "pensar" en nuestras necesidades o deseos; y, a partir de eso, "actuar" con nuestro libre albedrío, haciendo o no las cosas, conforme nuestra voluntad crea conveniente.

Nuestro mecanismo de "consentir", "raciocinar" y "integrar" emociones determinará los éxitos o derrotas en las carreteras de nuestra existencia.

Emociones son cosa muy importante. Es a través de ellas que nos individualizamos y diferenciamos uno del otro. Nadie siente, pues, exactamente igual, es decir, con la misma potencia e intensidad, sea en el entusiasmo ante una situación de placer o frustrándose al observar una meta perdida. Podemos pensar igual que otros, pero un mismo pensamiento despierta en varias criaturas múltiplas y distintas reacciones emocionales.

Así considerando, emociones no son ciertas o erradas, buenas o impropias, sino apenas energías que siguen la dirección que se las dé. Reconocerlas o admitirlas no significa, de ningún modo, que vamos actuar siempre de acuerdo con ellas.

Cuando negadas o reprimidas, no desaparecen como por encanto; al contrario, por tratarse de energías, ellas se alojarán en determinados órganos y congestionarán las entrañas más íntimas de la estructura psicosomática de los individuos.

Cuando las sofocamos, podemos generar una gran variedad de enfermedades autodestructivas. Eso puede también llevarnos a reacciones muy exacerbadas o a una ausencia completa de reacciones, o sea, la apatía.

Por lo tanto, cuando establecemos amplio contacto con nuestro lado emocional, empezamos a reconocer vestigios a nuestro respecto que nos proporcionarán autodescubierta, autopreservación, seguridad íntima e crecimiento personal.

Ora, si el Poder Divino, a través de su creación, por el propio mecanismo de la Naturaleza ha donado emociones a todos los seres vivos, conforme su grado de evolución, no podemos simplemente negarlas, como si no sirvieran para nada. Tristeza, alegría, rabia o miedo son emociones básicas, y debemos usarlas como brújulas que nos nortearán en los caminos de la vida.

Ellas están conectadas a nuestro sistema de pensamiento "cognitivo" – actividades psicológicas superiores, tales como la percepción, intuición, memoria, el lenguaje, la atención y los demás procesos intelectuales y espirituales.

Si ignoramos nuestras relaciones emocionales, no investigando su origen en nosotros mismos, vamos siempre inclinarnos a proyectarlas en los otros. Además, seremos seres psicológicamente claudicantes, ya que no integramos nuestras emociones con los cinco sentidos, que nos facilitan el análisis de las personas bien como de nosotros.

La tendencia que tienen algunos individuos de atribuir fallas y errores a otras personas o cosas, no los viendo ni admitiendo como suyos, se denomina "proyección".

A veces, intentamos hacer que nuestras emociones desaparescan, porque las tememos. Reconocer lo que realmente sentimos exigiría de nosotros acción, mudanza y decisión, y muchas veces nos quedaríamos cara a cara con verdades para nosotros inadmisibles e inconcebibles; y así intentamos proyectarlas, como si esas emociones no fueran nuestras, sino ajenas.

"No sienta eso, es feo" – ese es uno de los muchos viejos mensajes que resuenan en nuestra miente desde la más tierna infancia; con el pasar del tiempo, juzgamos no más sentirlas, porque las escondemos de la recriminación de los adultos.

Por esa razón, hay individuos que condenan con vehemencia los "ciscos" en los ojos ajenos, ya que ven en todo lujuria y perversión, falta de honestidad o ambición. Es posible que esos mismos individuos estén reprimiendo el reconocimiento de que ellos propios traen consigo emociones sexuales y perversidades mal solucionadas, o en otros casos emociones desmedidas de fama y dinero proyectadas sobre todos los que llaman de ambiciosos y deshonestos.

En la pregunta: "¿Cómo decís a vuestro hermano: dejadme sacar un cisco de vuestro ojo, vosotros que tenéis una trabe en el vuestro?" Jesús reconocía la universalidad de ese proceso psicológico, "la proyección", y siempre aseveraba la necesidad de la busca de sí mismo, para que uno no transfiera sus trazos de personalidad desconocidos hacia las cosas, situaciones y otras personas.

El Maestro nos inspiraba a sumergir en las profundidades de nuestro íntimo, a fin de que pudiéramos ver el "lado oscuro" de nuestra personalidad. Al fazer ese contacto imprescindible con nuestras "sombras", la consciencia se vuelve más lúcida, crítica y responsable, descortinando amplios y nuevos horizontes para su desenvolvimiento y plenitud espiritual.

Finalizando, atentemos para el análisis: "las conductas ajenas que más nos irritan son aquellas cuya manifestación no admitimos en nosotros"; "los otros nos sirven de espejo, para que realmente podamos reconocernos".

Barniz social

"*La benevolencia hacia nuestros semejantes, fruto del amor al prójimo, produce afabilidad y dulzura, que son su manifestación.*
Todavía, no hay que fiarse siempre en las apariencias; la educación y el hábito del mundo pueden dar el barniz de esas cualidades..."

(Cap. IX, ítem 6)

Ni siempre conseguimos mascarar durante mucho tiempo nuestras verdaderas intenciones y planes matreros. No se puede engañar a las personas por tiempo indeterminado. Después de vestir los trajes de la afabilidad y dulzura para encubrir rudeza y falta de respeto, viene la realidad cruel que desnuda aquellos lobos vestidos de "piel de cordero".

Realmente, es en el hogar que descubrimos quien somos. Es en el hogar que escurre de nuestra cara el barniz de la bonanza y caridad que la cubre, revelándonos a nuestros familiares tal cual somos. Traemos gestos meigos y voz dulce para desempeñar tareas en la vía pública, en el contacto con los jefes en el trabajo y amigos, con compañeros de ideal y recién conocidos, pero también traemos "piedras en las manos" o puños cerrados para algunas personas con quienes disfrutamos la vida en familia.

Es por querer aparentar ser alguien que no somos, o impresionar criaturas a fin de conquistarlas en razón intereses inmediatos, incorporamos personajes de ficción en el escenario de la vida. O sea, es como se siguiramos un guión en una representación teatral. Nada más que eso.

En varias ocasiones, integramos en nosotros mismos no sólo la sociedad visiblemente "externa", con sus construcciones, plazas, casas y ciudades, así como la sociedad en su contexto "invisible", que en realidad se compone de reglas y órdenes sociales, bien como de los modelos de instituciones creadas arbitrariamente. Captamos, a través de nuestros sentidos espirituales, todos los tipos de energía oriunda de la población. A través de nuestros radares sensibles e intuitivos, pasamos a representar de forma inconsciente y automática un procedimiento disimulado bajo la acción de esas fuerzas poderosas.

Maquillajes impecables, joyas relucientes, perfumes caros, ropas de moda, gafas encantadoras hacen parte de nuestro arsenal de guerra para escarnecer y corromper, para avanzar el semáforo y para comprar consciencias. No nos referimos aquí a la alegría de estar bien vestido y aseado, sino a la maquiavélica intención de los "túmulos pintados de blanco".

Como no nos conocernos en profundidad, tememos mostrarnos como realmente somos.

En un fenómeno psicológico interesante, denominado "introspección", que es un mecanismo de defensa por medio del cual atribuimos a nosotros propios cualidades ajenas, hacemos el papel de un artista famoso, de modelos de belleza, de personajes políticos y religiosos, de figuras en destaque, de parientes importantes e individuos de suceso, y por mucho tiempo alimentamos la ilusión de que somos ellos, vivenciando todo eso en un proceso inconsciente.

De ese modo, nos comportamos, vestimos, gesticulamos, escribimos y damos nuestra opinión como si realmente fuéramos ellos, representando, todavía, una farsa psicológica.

Tener dos o más caras resulta de forma gradual en una psicosis de la vida mental, porque, de tanto representar, un día perdemos la consciencia de quien somos y de lo que queremos en la vida.

Cuanto más percibimos los estímulos externos, influencias culturales, físicas, espirituales y sociales en nosotros mismos, las posibilidades de mantener relaciones con otras personas serán cada vez más auténticas y sinceras. La comunicación efectiva entre una criatura y otra ocurrirá siempre que no se tenga en consideración sexo, edad y nivel socioeconómico. Ella se dará aun más seguramente siempre que abandonemos por completo toda y cualquier obediencia neurótica a los modelos aprendidos e preestablecidos.

Abandonemos entonces el "barniz social" que nos han impuesto a lo largo de la vida. Seamos, pues, auténticos. Descubramos nuestras reales potencialidades interiores heredadas de la Divina Paternidad. Desarrollándolas, actuaremos con más naturalidad y, consecuentemente, estaremos en paz con nosotros mismos y con el mundo.

Viejos hábitos

"... El cuerpo no da cólera a quien que no la tiene, como no le da los otros vicios; todas las virtudes y todos los vicios son inherentes al Espíritu; sin eso, ¿dónde estarían el mérito y la responsabilidad?..."

(Cap. IX, ítem 10)

En primer lugar, es necesario conceptuar que vicios son dependencias vigorosas y profundas que afectan a la persona que se encuentre sometida al control de otras o de determinadas cosas.

Por eso, debe considerarse vicio no apenas el consumo de tóxicos y de otros productos de origen natural o sintético. El concepto es más amplio. Analizándolo en profundidad, podemos interpretarlo como la actitud mental que nos lleva de manera compulsiva a dejarnos subyugar por personas o situaciones.

Muchos de nosotros aprendemos a ser dependientes desde muy temprano, dirigidos por adultos excesivamente protectores, que han imprimido en nosotros "clichés psíquicos" de represión que se reflejan hasta hoy como mensajes bloqueadores en nuestro interior, impediéndonos de desarrollar el "sentido de autonomía" y de independencia. Otros traen enraizadas en sí experiencias en las cuales les ha sido negada la posibilidad de ejercer la capacidad de selección de amigos y parceros afectivos, en virtud de la intervención de adultos prepotentes. Esa nociva interferencia los transforma más tarde en individuos de carácter oscilante, indecisos, miedosos e inseguros. Otros aun, por haber sufrido experiencias conflictivas en otras encarnaciones, en contacto con criaturas sin equilibrio y en clima de inconstancia y desarmonía, están hoy predispuestos a renacer más identificados con la instabilidad emocional.

De esa forma, se puede entender que los factores que pueden causar vicios y compulsiones ocurren en ambientes familiares/sociales sin armonía, de la presente o de otras encarnaciones, en los cuales hemos dejado que presiones, traumas, coacciones, desajustes y conflictos se enraizaran en nuestra "zona mental" o "perispiritual", porque los vicios no pasan de efectos externos de conflictos internos.

Vale resaltar que nuestra sociedad, en rigor, es extremamente "machista", razón por la cual muchas mujeres han sido educadas para aceptar comportamientos dependientes como si fueran "virtudes femeninas", lo que las lleva a vivir dentro de "demarcaciones estrechas" de aquello que ellas deben o pueden hacer.

El vicio del alcohol, sexo, juegos diversos o drogas farmacológicas son formas que amenizan y compensan, momentáneamente, áreas frágiles de nuestra alma desestructurada. Alivian las carencias, ansiedades, desajustes, tensiones psicológicas y reducen los impulsos energéticos que producen insatisfacciones y el llamado "malestar interior".

Puede parecer que las opciones vicio/dependencia disfracen o suavicen la "presión torturante", todavía, el desconsuelo permanece inmutable.

El alcohol y otras drogas son sedativos o analgésicos, pero por acarrear gravísimas consecuencias, son denominados "vicios autodestructivos". La comida es una dependencia considerada, de inicio, "vicio neutro", pero con el tiempo acaba trasformándose en una "opción de huida" negativa y profundamente desorganizadora de nuestro cuerpo físico/psíquico.

Hay manías o vicios comportamentales tan graves y serios, que nos llevan a ser considerados y tratados como personas de difícil convivencia, es decir, inconvenientes. Ver los ejemplos abajo:

• Vicio de hablar descontroladamente, sin raciocinar, desconectándose del equilibrio y del sentido común.

• Vicio de mentir constantemente para nosotros mismos y para otros, por no querer tomar contacto con la realidad.

• Vicio de lamentarnos sistemáticamente, colocándonos como victima ante la vida, para continuar recibiendo atención de todos.

• Vicio de considerar que estamos siempre ciertos, para poder suplir una enorme inseguridad.

• Vicio incontrolable de gastar sin necesidad, sin utilidad, a fin de adiar decisiones importantes en nuestra vida.

• Vicio de criticar y mal juzgar a las personas, para sentirnos mayores y mejores que ellas.

• Vicio de trabajar descontroladamente, sin interrupción, para distraernos interiormente, evitando de ese modo los conflictos que no tenemos coraje de enfrentar.

Incuestionablemente, los llamados vicios resultan del miedo de asumir el control de nuestra vida y, al mismo tiempo, del miedo de responsabilizarnos por nuestros actos y actitudes, permitiendo que ellos se queden fuera de nuestro control y de aquello que escogemos.

Cualesquiera que sean, todavía, los motivos y el origen

de nuestros "viejos hábitos", urge establecer puntos fundamentales, a fin de que empecemos a indagar "porqué somos" dependientes emocionalmente y "cuál es la forma" de relacionarnos con esa dependencia.

Abajo, algunos puntos que se deben observar y probablemente nos ayudarán a ser más independientes, además de capaces de satisfacer nuestros deseos y vocaciones naturales. Al mismo tiempo, nos permitirán estar próximos de personas y situaciones sin quedarnos parcial o totalmente dependientes de ellas:

• Aguzar nuestra capacidad de decidir y escoger de manera cada vez más libre de opiniones ajenas.

• Combatir nuestra tendencia a ser "buenitos", o mejor, de desear ser siempre agradables con todos, aunque pagando el precio de desagradarnos.

• Estimular nuestra habilidad de decir "no" tantas veces cuanto sea necesario, desenvolviendo así nuestro "sentido de autonomía", a fin de no caer en los "modismos" o "presiones grupales".

• Establecer en el ambiente familiar un clima de respeto y libertad, eliminando relaciones de superdependencia "simbióticas", para que podamos ser nosotros mismos y dejemos que los demás sean ellos mismos.

• Crear padrones de comportamientos positivos, una vez que comportamientos son hábitos, y nuestros hábitos determinan la facilidad de aceptar o no las circunstancias de la vida.

• Tomar consciencia de que somos seres humanos libres por naturaleza, pero también responsables por nuestros actos y pensamientos, pues recibimos por herencia natural el libre albedrío.

• Cultivar constantemente el autoconocimiento, a) reforzando nuestra visión en los rasgos de nuestra personalidad que ya conocemos; b) buscando nuestros rasgos internos, que aún desconocemos; c) analizando las opiniones de personas que, al contrario de nosotros, ya conocen nuestro perfil psicológico; d) aceptando plenamente nuestro lado "inadecuado", sin jamás esconderlo de nosotros mismos y de otras personas, intentando, todavía, equilibrarlo.

Meditemos, pues, sobre esas ponderaciones que con certeza nos ayudarán a libertarnos de esas "necesidades que aturden", cuyas verdaderas matrices se encuentran en la intimidad de nosotros mismos.

Hermoso planeta Tierra

"... *ra, de la misma forma que, en una ciudad, toda la población no está en los hospitales o en las prisiones, sobre la Tierra no está toda la humanidad; como se sale del hospital cuando se está curado, y de la prisión cuando se ha cumplido el tiempo de pena, el hombre deja la Tierra en busca de mundos más felices, cuando está curado de sus enfermedades morales."*

(Cap. III, ítem 7)

Realmente, la Tierra es un minúsculo grano de arena en el inmenso cosmos universal. Mundos incontables, estrellas de mayor grandeza que el Sol, circulan por los complexos interplanetarios, y constelaciones innumerables se encajan en galaxias de millares de años de luz.

Asegura la ciencia que la Vía-Láctea posee más de 200 millones de estrellas desparramadas armónicamente entre sus nebulosas, y que su forma en espiral tiene una extensión aproximada de 100 mil años de luz para ser recorrida desde una punta a otra.

Vivimos en un torbellino de galaxias y galaxias, somos viajeros del espacio, habitantes del Universo en busca de perfección, y nuestro destino es la felicidad plena.

Nuestro planeta es la residencia que nos acoge actualmente; por lo tanto, nuestro lema es amarlo y protegerlo.

La Tierra, de una belleza sin igual, es para nosotros, encarnados y desencarnados, domiciliados temporariamente en este orbe azulado, nuestro nido de conforto y progreso espiritual. Nuestra concepción de belleza está ajustada a las condiciones de evolución del planeta. Lo que vemos y sentimos está sintonizado con nuestro modelo de "interior hermoso" y, por lo tanto, vislumbramos fuera lo que somos por dentro.

"La boca habla de lo que está lleno el corazón",[1] ha dicho Jesús, y nosotros añadimos: los ojos ven conforme nuestra atmósfera interior. Es por eso que algunos afirman: "Este planeta es una prisión", otros, todavía, dicen: "No, es un hospital"; más adelante otros tantos comentan: "Es un hermoso jardín de paz".

Tu casa psíquica determina tu existencia, tu observación focaliza pantanos pestilíferos o fuentes cristalinas, serpientes o pájaros y es así que diriges tu modo característico de ver, conforme tu modelo interior, materializando y evidenciando las cosas o personas fuera de ti mismo.

El mundo moderno tiene el pensamiento ecológico como uno de los medios de que disponen los hombres para sobrevivir en el planeta, en perfecta relación con la flora y la fauna existentes en nuestro medio ambiente. Todo está integrado en todo: las aguas necesitan de las plantas y viceversa; los animales, de las florestas; y los hombres participan de esa cadena ecológica, no como parte imprescindible, sino integradora.

Allan Kardec, uno de los precursores del pensamiento ecológico, desde 1868, se refiere a la Providencia Divina como la atención de Dios con todo y todos, definiéndola como la solicitud que "está por toda parte, todo ve y a todo preside, mismo las cosas más pequeñas; es en eso que consiste la acción providencial".[2]

Trascurridos más de un siglo, la humanidad continúa estudiando y observando esa "atención celestial", en que cada ser vivo del planeta se interconecta, siendo todos esencialmente necesarios para la manutención de todos, y aprendiendo a ver la vida en sus armoniosas relaciones de "autoayuda", visto que es sometida siempre a una "Acción Superior e Inteligente", que a todos abastece.

Paralelamente, y en razón de eso, si los ríos y las florestas se han muerto, los hombres también han perecido de modo parcial.

Todos nosotros somos Naturaleza, somos vida en abundancia. También tú eres Naturaleza, y las varias moradas a las cuales se refería Jesús son hoy, por el Espiritismo, llevadas a otras tantas interpretaciones de mayor comprensión y discernimiento cuanto al modo de examinar y analizar la vida en el planeta.

¡Amad a la Tierra! ¡Amad a la Naturaleza" "¡Nuestro mundo, nuestra casa!

---

[1] Lucas, 6:45.
[2] *La Génesis*, Allan Kardec, cap. II, ítem 20.

Imposiciones

"... ***N****o es lo que entra sino lo que sale de la boca del hombre que lo enlama. Lo que sale de su boca parte del corazón, y es eso que vuelve impuro el hombre..."*

"...pero comer sin lavar las manos no es lo que torna impuro el hombre..."

(Cap. VIII, ítem 8)

Las costumbres de una época se reflejan de tal manera en los individuos, que ellos pasan a verlos primeramente como "normas sociales", luego como "valores morales", culminado finalmente como "órdenes divinas").

La libertad de pensar y actuar es uno de los derechos más sagrados del hombre, siendo por eso alas poderosas para su crecimiento espiritual. Y de tal libertad nunca deberá él abrir mano, en ninguna hipótesis. Personas amarradas por normas opresoras apenas pueden respirar el aire de sus propias ideas y desplazarse hacia el crecimiento interior, porque aspiraciones son anuladas, gestos, vigilados y deseos, constantemente negados.

"No es lo que entra sino lo que sale de la boca del hombre que lo enlama." – advierte Jesús de Nazaré a las criaturas de su tiempo, que se han apegado a prácticas y reglamentos preestablecidos por los hombres y de los cuales ellos mismos, por ser personas ortodoxas e intolerantes, hacían "casos de consciencia".

Los judíos, por confundir frecuentemente leyes divinas con leyes civiles, atribuían a la costumbre de lavar las manos antes de las refecciones, a la circuncisión, a las cuestiones del sábado y a otras tantas situaciones sociales motivos generadores de polémica religiosa, porque se prestaban más a las prácticas exteriores que a los verdaderos anhelos de renovación del alma.

Las personas de bien, en comiengos del siglo, declaraban que los señores dignos y respetables deberían solamente salir a la calle de sombrero, paletó y corbata, bien como las honradas señoras, de forma alguna, andarían desacompañadas de la familia, debiendo vestirse de manera impecable, con imprescindibles guantes, sombrero, abanador y pañuelo perfumado, considerados elementos de "bien se componer" de las elites de la época.

En el tiempo de Jesús no habría de ser diferente. Viviendo entre criaturas radicales, fanáticas por las creencias religiosas del pasado, que cultivaban "normas" y "reglas" dictadas por antiguos profetas, Jesús no habría de ser comprendido, por su nueva postura de relación libre de prejuicios y por enseñar siempre nuevos aspectos cuanto a ver y sentir la vida.

El Maestro tenía "sentido de alma", o sea, sentido común, porque usaba su sensibilidad y lógica para orientar a sí mismo y a todos los que escuchaban sus lecciones de sabiduría, pues era contrario a las supersticiones y hipocresía de los que "honraban con los labios, pero no con el corazón".

En se tratando de costumbres y reglas sociales, lo que es moral o inmoral es relativo, porque en cada tiempo, cada era y cada pueblo se cambian las leyes sociales, se cambian los valores, se cambia la moral social.

Sin embargo, la moral a la cual se reportaba el Cristo de Dios no era aquella establecida por los padrones imperfectos del conocimiento humano, ni la que hace comparaciones sobre lo que es adecuado o inadecuado, ni la que hace estadística y rotula cosas y personas. Se entiende que nuestra alma tiene su propia historia de vida, que somos totalmente individualizados por haber sido expuestos a diversos estímulos y experiencias diferentes a lo largo de nuestra jornada en la multiplicidad de vidas, y por lo tanto debemos ser vistos de conformidad con nuestra vida interior.

Él sabía que gran parte de nuestro sufrimiento o conflictos internos provenían del hecho de que nos consideramos errados, porque no nos encajamos en los moldes establecidos por la sociedad en que vivimos.

Matar será siempre inmoral ante las Leyes Divinas, a pesar de que, según los padrones de la "moral social", matar en la guerra es algo condecorado con medallas y honrarías.

De esa forma, analicemos, raciocinando con discernimiento: ¿a qué moral nosotros estamos sujetándonos? ¿A la dictada por leyes transitorias de la elite de una época, o la de las leyes eternas y verdaderas de todos los tiempos?

Pesquisemos atentamente los cimientos de nuestra conducta moral. Ellos pueden ser frutos de nuestro dolor, ya que permanecemos presos al conflicto de "lavarnos o no las manos"; o pueden ser las raíces de nuestra felicidad, porque seguimos Jesús, escuchando la voz de nuestro corazón.

Conveniencia

"... Cuando deis un almuerzo o una cena, no invitéis ni vuestros amigos, ni hermanos, ni parientes, ni vecinos que sean ricos, de modo que ellos, por su turno, os inviten enseguida, y que así vengan a retribuir lo que habían recibido de vosotros..."
(Cap. XIII, ítem 7)

Hacer el bien por el único placer de hacerlo, amar sinceramente, dando lo mejor de nosotros sin pensar en retribuciones – así son las bases del amor incondicional.

La sinceridad es el mejor antídoto para alejar a las falsas amistades. Invitar a la mesa los pobres, los andrejosos, los cojos y los ciegos – según la recomendación de Jesús – es conseguir establecer relaciones satisfactorias, leales, estimulantes, sin segundas intenciones.

Tal vez por querer sacar ventajas y provecho de todo, hemos atraído para nuestro círculo afectivo amistades vacías, destorcidas, que representan verdaderos parasitas de nuestras energías. Por eso nos sentimos, algunas veces, inadaptados al medio en que vivimos.

Pero si nosotros amamos por amar, encontraremos criaturas que no se preocuparán con rangos jerárquicos y nos aceptarán como somos. No van a esperar que tengamos sabiduría para dar todas las respuestas, apenas van a compartir con nosotros el cariño de buenos amigos.

El refrán de la convivencia es: "Te voy a amar porque…

…si me recompensares, seré tu amigo;

…si me invitares, yo te prestigiaré.

…si te quedares siempre a mi lado, yo te amaré.

…si concordares conmigo, concordaré contigo."

Jesús pídenos desinterés en las relaciones y no imposiciones conforme nuestras pasiones. Nos enseña la lección de no manipular situaciones, porque toda cobranza enflaquece las relaciones, y en verdad es sólo una cuestión de tiempo que todo venga a ruinarse.

Los sentimientos verdaderos no son mercancías permutables, sino alimentos nutrientes de las almas, los cuales nos fortalecen durante las pruebas y nos recomponen ante las luchas expiatorias.

Cuando esperamos que otros gratuitamente suplan nuestras carencias y nos hagan felices, de hecho no los estamos amando, sino explorando.

Al identificar juegos de manipulación, procuremos rememorar nuestra verdadera misión en la Tierra, pues sabemos que no hemos venido a este mundo a fin de agradar a otras personas o vivir de acuerdo con su moda, sino para aprender a amar a nosotros mismos y a todos, sin condiciones.

En muchas situaciones, hundimos nuestros sentimientos con los de otros seres – cónyuge, padres, hijos, amigos, hermanos – y perdemos nuestras fronteras individuales, por se tratar de algo momentáneamente conveniente y cómodo. A partir de ahí, esperamos siempre retribuciones de las personas amadas y sufrimos si ellas no hacen todo como deseamos.

Nos olvidamos de abrir el círculo de afectividad para otros seres y no percibimos cuanto es saludable e inmensamente fuerte esa postura. Continuamos a invitar a la mesa solamente aquéllos con quienes hacemos cuestión de compartir mutuos intereses. Aunque de inicio no evaluemos el mal que esa actitud nos causa, es probable que vengamos a sufrir la soledad en una mañana bien próxima, pues los lazos afectivos pueden desligarse por la muerte física o otras separaciones. Como hemos restringido esos vínculos afectivos, es seguro que sentiremos la tristeza de quien se encuentra solo y abandonado como si hubiera perdido el "suelo".

La observación de los juegos sociales van a darnos siempre una real percepción de donde y cuando hay encuentros únicamente realizados para busca de ventajas personales. Y para que se pueda promover auténticos encuentros, provistos de sinceridad y buenas intenciones, es preciso que uno sea primeramente honesto consigo mismo, para atraer las legítimas aproximaciones, a través de sus pensamientos y propósitos de franqueza.

La ventaja de las relaciones sinceras es una apertura de nuestra afectividad en círculos cada vez más amplios, que por su vez edificarán una atmósfera de cariño y lealtad alrededor de nosotros mismos, atrayendo e induciendo criaturas francas y maduras a compartir con nosotros toda una existencia de amor.

Vivir con naturalidad

"... *ived con los hombres de vuestra época como deben vivir los hombres...*"
"*...Fuisteis llamados a entrar en contacto con espíritus de naturaleza diferente, de caracteres opuestos; no choquéis ningún de aquéllos con quienes encontréis. Sed alegres, sed felices, pero de la alegría que provee una buena consciencia.*"
(Cap. XVII, ítem 10)

Vivir "felices según las necesidades de la humanidad"[1] es vivir con naturalidad, o sea, participar efectivamente en la sociedad usando nuestra manera natural de ser.

Todos nosotros fuimos bendecidos con determinadas vocaciones, y el mundo en que vivimos necesita de nuestra cooperación individual, para que podamos, al mismo tiempo, desarrollar nuestras facultades innatas en la práctica social y aumentar nuestra parcela de contribución a la comunidad en que vivimos, en el perfeccionamiento de la humanidad.

Poseemos talentos que deben ser ejercitados para que puedan florecer, pero pocos de nosotros damos el real valor a esa tarea. Esos mismos talentos están esperando nuestro empeño de "darse fuerza", a fin de colocarlos en plena acción en el intercambio de las relaciones con las personas y las cosas.

No podemos entonces olvidar que vivir en el mundo es "entrar en contacto con espíritus de naturaleza diferente, de caracteres opuestos",[2] reconociendo que cada uno da lo que tiene, vive como puede, percibe de la manera que ve, admitiendo que, por se tratar de tendencias, talentos y vocaciones, todos nosotros tenemos la peculiar necesidad de "ser como somos" y "estar donde quieramos" en la vida social.

Talentos son impulsos naturales del alma, adquiridos por la repetición de hechos semejantes, a través de sucesivas vidas. Vocación es la "voz que llama", palabra oriunda del latín "vocatio, -onis", que quiere decir llamado o convocación.

Como la Naturaleza es un verdadero "escaparate" en biodiversidad o multiplicidad de seres, cada individuo tiene sus propias herramientas, que son útiles para trabajarse en el area social.

Todos los árboles son árboles, pero el duraznero no tiene las mismas peculiaridades del limonero, ni el aguacatero las de los mangos. Por eso, cada persona también se exprime en niveles diversos, según las múltiplas formas con que la Sabiduría Divina nos plasmó en la creación universal.

Así, todos somos convocados a "actuar en el social", no con "un aspecto severo y lúgubre, rechazando los placeres que permiten las condiciones humanas",[3] sino felices, haciendo uso de nuestros potenciales y facultades de modo placentero.

¿Jesús de Nazaré vivía, en su época, una vida mística y distante de la sociedad?

El Cristo de Dios se integraba intensamente en el social, "participando de las fiestas de bodas",[4] (...) "de la relación fraterna, amando intensamente a los amigos".[5] "Sin ningún perjuicio hacía visitas y tomaba refecciones en compañía de variadas criaturas",[6] recorriendo ciudades, campos y carreteras, siempre acompañado de amigos queridos y de las muchedumbres que Lo cercaban.

En vista de eso, debemos entender que las leyes del Criador dieran a las criaturas inclinaciones y aptitudes íntimas y originales, para que ellas pudieran convivir entre sí, ofreciendo a cada uno participación igualmente original en la vida comunitaria de manera "sui generis".

Debemos, realmente, vivir en el mundo con la consciencia de que somos espíritus eternos en crecimiento y progreso, y de que nuestro "ánimo de vivir" en sociedad depende de que pongamos en práctica nuestras verdaderas capacidades y vocaciones del alma.

Acordémonos, todavía, de que la palabra "ánimo" quiere decir "alma", del latín *animus*, y de que debemos, cada uno de nosotros, "vivir con alma" en el círculo social del mundo.

---

[1] *El Evangelio según el Espiritismo*, cap. XVII, ítem 10.
[2] *Idem.*
[3] *Ibidem.*
[4] Juan, 2:1 y 2.
[5] Juan, 15:13.
[6] Mateos, 9:10.

Carma y parentesco

"La unión y afección entre parientes son indicios de simpatía anterior que los aproximó; también se dice, hablando de una persona cuyo carácter, gustos e inclinaciones no guardan ninguna semejanza con los de sus parientes, que ella no es de la familia...."
(Cap. IV, ítem 19)

Casi siempre afirmamos que la antipatía que experimentamos por algunos miembros de nuestra parentela se deben a antiguas aversiones, oriundas del pretérito distante, cuando ocurrencias negativas se quedaron sin resolver o han sido mal solucionadas en nuestra atmósfera cármica.

Justificamos así aversiones e incompatibilidades de genio, transformando el ambiente familiar en verdadero campo de batalla, donde todos tienen razón y, al mismo tiempo, se dicen víctimas impotentes del destino.

Es importante acordarnos de que estamos reunidos aquí y ahora por ser ese el mejor tiempo para solucionar comportamientos inconvenientes, posturas de vida intransigentes y para promover nuestra transformación interior, factores eses que son imprescindibles para el crecimiento del alma.

No responsabilizarse por hechos y actitudes en el presente, considerándose inocente y lanzando disculpas por los desatinos del pasado, es asumir la condición de injusticiado o hasta de víctima. Es como afirmar que la Divina Providencia cometió contra tu existencia una falta, haciéndote renacer en ambiente no correspondiente a tu desarrollo espiritual, lo que lógicamente es un enorme absurdo.

No son situaciones de vidas pasadas que te complican las relaciones afectivas, sino la continuidad de los viejos modos de pensar, de las creencias incoherentes y de la permanencia en enfermizos puntos de vista de omnipotencia.

Adultos dominadores desarrollan expectativas en relación al círculo en que viven, alterando las elecciones personales de los familiares. Si no están acostumbrados a pensar por sí, permiten fácilmente que les cambien las trillas que habian planeado y definido como metas particulares. Fatalmente, esos mismos individuos un día se rebelarán contra las actitudes de dominación y rechazarán ser manipulados de nuevo, creando así serios atritos en el hogar.

En muchas ocasiones, por actitudes autoritarias, la profesión que uno ejerce se diferencia de modo frontal de aquella que ha escogido. En vista de eso, la persona vive constantemente contrariada, por ver frustrado su proyecto íntimo, y se rebela no sólo contra quien hizo la intromisión en su trayecto de vida, sino también contra el mundo, la sociedad y contra si mismo, por no haber luchado por todo aquello que deseaba.

Parientes inseguros protegen demasiadamente sus escogidos, tornándolos impotentes en áreas en que ya podrían ser independientes. Por obligarlos a compartir sus mismos puntos de vista, muestran una enorme falta de respeto al otro, demostrando con eso que, tal vez, ni ellos mismos sepan lo que quieren realmente de la vida.

Así, con frecuencia, hijos enfrentan padres y hermanos, luchando contra gestos de arrogancia. Quieren ser ellos mismos, desbravar sus propias metas y caminos, aunque a veces se anulen por miedo de desagradarles, en razón de recibir de ellos el apoyo y ayuda para su manutención, porque, en verdad, muchos aun no consiguen sustentarse material y afectivamente.

Autoresponsabilidad es una dádiva que nos confiere el poder de crear cambios, pues en general preferimos disculparnos, echando la responsabilidad de nuestros actos en hombros ajenos, o a cuenta de vidas pasadas, tornándonos víctimas y intentando eximirnos de contribuir con nuestra parcela para eliminar melindres, resentimientos y antipatías en el ámbito del propio hogar.

En razón de todo eso, para que se tenga relaciones felices en el futuro, es importante observar el lema: "El ayer ha pasado ya. Ahora es la mejor ocasión para tu crecimiento y renovación."

Pesos inútiles

"Si sondaseis mejor todos los dolores que os afligen, en ellos encontraríeis siempre la razón divina, razón regeneradora, y vuestros miserables intereses serían una consideración secundaria que relegaríais al último plano..."
(Cap. V, ítem 21)

Cuanto más la ciencia biológica estudia las estructuras íntimas de los seres vivos, más claramente constata que los fenómenos nacimiento y muerte son etapas de un proceso natural de la vida. Aun así nos agarramos a la idea de que somos separados de la Naturaleza y encaramos la muerte como el fin de todo, en una visión aislada, deshumana e insoportable de concebirse.

De nada nos sirve considerar la muerte un adversario; porque a pesar de eso ella continuará haciendo parte de nuestra existencia. Y al intentar negarla, estaremos distanciándonos todavía más de la realidad integral.

Sin embargo, al probar el sentimiento de pierda, pasamos por una de las experiencias más significativas como seres humanos: somos llevados a una intensa reflexión, consiguiendo, a partir de ahí, observar mejor las verdades trascendentales de la vida.

Nada se pierde en el Universo del "Todo-Poderoso", todo se transforma de modo maravilloso, y con el pasar del tiempo aprendemos a entender y a aceptar la muerte, en una visión armónica y traslúcida.

En verdad la muerte física no nos quita la vida, sino simplemente hace que pasemos a transitar por nuevos caminos.

Y como no somos dueños de nadie, o mejor, las personas no nos pertenecen, la Vida Mayor constantemente nos ofrece situaciones y lugares nuevos, en los más diversos planes existenciales, para que podamos enriquecernos con las múltiplas experiencias.

Somos nómades en el Universo, viajantes de vidas sucesivas, en busca de perfeccionamiento.

Hay inconformados que sufren durante largo tiempo la pierda de personas amadas que han pasado a otros niveles espirituales. Es realmente aflictivo echar de menos la persona amada, lo que se mezcla al dolor que conmueve el alma de aquél que ve partir sus entes queridos. Aunque el dolor sea intenso, el hombre debe ser honesto consigo mismo, buscando continuamente una percepción más precisa de los procesos personales de "no-aceptación" delante de la muerte y una consciencia del porqué de los "sentimientos de rechazo" que lo mantiene preso a un constante círculo de pensamientos inconformistas.

Ciertos individuos sienten profunda culpa si no lloran y no se quedan lastimándose indefinidamente, porque acreditan que la gente podrá juzgarlos personas deshumanas y desprovistas de la capacidad de amar a los familiares que han partido.

Otros, por tener actitudes conservadoras y limitantes a respecto de la afectividad, siguen cultivando para siempre el luto por sus entes queridos, como se no existiera nadie más a quien amar. Exageran una época de gran felicidad, no creen que puedan todavía tener reencuentros alegres y de propósito viven aferrados al pasado.

Por miedo de la soledad, hay criaturas que lamentan de forma continua la privación de sus parientes en un fenómeno casi inconsciente, para llamar la atención de otros familiares, a fin de que éstos suplan sus carencias afectivas y sus necesidades básicas de consideración.

Muchas personas que están ya sufriendo ligeras crisis de melancolía se quedan vulnerables a periodos angustiantes aun más largos y agravados cuando pierden un ente querido. No se dan cuenta de que, si examinaran más detenidamente las matrices de sus estados depresivos mejorarían sensiblemente; y que, por proyectar la causa de su aflicción apenas sobre la pierda, sufren demasiado, sin la mínima condición de vislumbrar la cura definitiva.

Hay almas que pasan vidas enteras alrededor de otras, cuidándolas. Por no tener vida propia, están sujetas a un grado de dependencia y apego enorme. Cultivan el dolor como pretexto para sentirse más vivas y estimuladas, porque todo lo que les restó fue agarrarse a las recordaciones dolorosas, creyendo que ya no consiguen parar de sufrir porque se han separado de los seres amados.

Nuestros sentimientos resultan de los procesos de nuestras percepciones, emociones y sensaciones acumuladas a lo largo de vidas pretéritas y de la actual, y es a través de ellos que tenemos una forma peculiar de sentir y actuar.

No obstante, analizando eses sentimientos de pierda y interpretando las reales razones de nuestros dolores, podremos percibir se estamos agravando o no "nuestro sentir".

Los dolores de la separación de hijos, cónyuges, hermanos y amigos pueden agravarse, si a ellos se añade el sentimiento de culpa, remordimiento, dependencia, conservadorismo, miedo y no-aceptación.

Recordemos las palabras de Pablo: "Y cuando este (cuerpo) mortal revestirse de inmortalidad, entonces se cumplirá la palabra que está escrita. Tragada fue la muerte en la victoria. ¿Dónde está, ó muerte, tu aguijón?".[1]

Hagamos de esa forma una transubstanciación de nuestros padecimientos y pesares, apartando todos los "pesos inútiles", descartándolos y sustituyéndolos por las "dulces brisas" de las enseñanzas de la Vida Eterna. Actuando así, en poco tiempo se ablandará nuestro corazón turbado y pesaroso, que después se quedará verdaderamente aliviado y traslúcido.

---

[1] I Corintios, 15:54 y 55.

El Espiritismo

> *"El Espiritismo es la nueva ciencia que viene revelar a los hombres, por medio de pruebas irrecusables, la existencia y la naturaleza del mundo espiritual y sus relaciones con el mundo corporal; y los muestra a nosotros, no más como una obra sobrenatural, sino, al contrario, como una de las fuerzas vivas e incesantemente activas de la Naturaleza..."*
>
> *(Cap. I, ítem 5)*

Una visión sobre la Vida Mayor renace en el siglo XIX en Francia: verdadero acto heroico ha sido aquel del notable profesor Allan Kardec, al traer toda una idea sobre espiritualidad para el Viejo Mundo, hasta entonces entorpecido por doctrinas materialistas y lucrativas vigentes en la época.

El Estado y las clases sociales dominantes transformaban los intereses de algunos en necesidades de todos. Para asegurar privilegios y poder, se valian de todos los instrumentos posibles, desde las religiones, medios de comunicación y aun la escuela, para difundir creencias y valores que les garantizaran el orden social y sus ideales como verdades de todos.

La religión como institución sagrada se convertía en instrumento y, al mismo tiempo, víctima del proceso.

Los sacerdotes, siglos atrás, eran los dueños de las almas, y los destinos de las criaturas estaban circunscritos a las decisiones eclesiásticas, que detenían el cetro "divino" de la absolución o de la condenación.

Se acreditaba que las consciencias no tenían realmente estructura para hacer evaluación de lo que era cierto y errado; por eso eran manipuladas por creencias autoritarias y arbitrarias, dictadas por hombres intransigentes y fanáticos.

La misión impuesta a las escuelas y universidades era contribuir para la difusión/consolidación de ideologías creadas por esos grupos detenedores de la decisión, formando consciencias sumisas y serviles, temientes a Dios, al Rey y al Estado, a los cuales se imponian con argumentos incompatibles con la orden divina, para atender a las necesidades camufladas por herederos privilegiados y arrogantes de una sociedad absolutista.

El eminente educador Rivail, hombre de una religiosidad misionaria, lleva a Francia, en medio al positivismo de Augusto Comte, la idea de inmortalidad contenida en el Espiritismo.

A pesar de la creencia en la reencarnación haber sido banida del movimiento religioso por concilios ecuménicos de la Antigüedad, Kardec la presenta al mundo bajo la supervisión de los Espíritus Superiores, estableciendo así nuevos rumbos a la sociedad, presa a conceptos de superioridad de nacimiento y gracias especiales entre los escogidos.

Los prejuicios de clase social, color y sexo han tenido fin, ya que gracias a la rueda de las encarnaciones sucesivas podemos habitar los más diferentes cuerpos y pertenecer a las más diversas clases de la sociedad; la familia patriarcal y posesiva ya no tiene razón de ser, y la servidumbre de la mujer adquiere connotación de creencia despótica y machista.

Ocurre entonces una verdadera revolución en las costumbres medievales que aún vigoraban en la época, la cual encuentra consideración por parte de algunos, por la lógica y discernimiento de la vida como un todo, y oposición sistemática por parte de otros, por su grado de inmadurez psicológica y por inmiscuirse en valores íntimos de convencionalismo y superstición arraigados en su consciencia a través de los tiempos.

El Espiritismo hizo renacer en las almas la comprensión de la verdadera naturaleza del hombre y la percepción de que su destino es fruto de sus elecciones.

Inmortalidad del alma y vidas sucesivas son algunas de las bases sólidas que han sacudido los cimientos de toda una colectividad estructurada en una visión destorcida de la verdad universal. La nueva ideología establece por creencia indispensable la fraternidad, como concepción de vida real a ser incorporada por individuos y grupos a medida que sus necesidades espirituales vayan adquiriendo aspecto de ascensión y conocimiento.

La Doctrina Espiríta es un método extraordinario de educación. La vida después de la muerte, la vida preexistente y la evolución de las almas son todavía casi totalmente desconocidas por los pueblos con aires de hegemonía. Sin embargo, a su tiempo, van a tomar consciencia de todo eso, de acuerdo con lo que afirma el apóstol Pablo, cuando escribe a las iglesias de Galaxia: "...porque a su tiempo todo segaremos...".[1]

---

[1] Gálatas, 6:9.

Todos son caminos

"... ¿Por qué esa puerta tan estrecha, que a pocos es dado transponer, si la suerte del alma está fijada para siempre después de la muerte? Es así que, con la unicidad de la existencia, se está incesantemente en contradicción consigo mismo y con la justicia de Dios. Con la anterioridad del alma y la pluralidad de los mundos, el horizonte se amplía..."

(Cap. XVIII, ítem 5)

Los caminos inadecuados que tomamos a lo largo de la vida también son parte esencial de nuestra educación. A cada tropiezo es preciso aprender, levantarse de nuevo retornar a la marcha.

Todo lo que sabemos hoy hemos aprendido con los aciertos y errores del pasado, y cada vez que desistimos de alguna cosa por miedo de errar estamos privándonos de la posibilidad de evolucionar y vivir.

La carretera por donde transitamos hoy es nuestra vía de crecimiento espiritual, y nos llevará a entender mejor la vida, en el contacto con las múltiplas situaciones que contribuirán para nuestro potencial de progreso.

Debemos, sin embargo, indagar a nosotros mismos: "¿Será este realmente mi mejor camino?" "¿Por ventura es correcto el sendero por donde camino?"

La observación es justa, y nuestras dudas tienen propósito; por eso, raciocinemos juntos:

• Si Dios, perfección suprema, nos creó con la probabilidad de engañarnos, modelándonos de tal forma que pudiéramos llegar un día a la perfección, es porque contaba con nuestros encuentros y desencuentros en la jornada existencial.

• Si Él nos generó falibles, no podrá exigir de nosotros comportamientos siempre irreprensibles, pues conoce nuestras potencialidades y límites.

• Si criaturas como nosotros aceptamos las fallas ajenas, ¿por qué el Creador en su infinita comprensión no nos aceptaría como somos?

• La gente no condena sus nenes porque no saben comer, hablar y andar correctamente; ¿por qué entonces espíritus aún inmaduros pagarían por actos y pensamientos que aún no aprendieron a usar convenientemente, por su propia falta de madurez espiritual?

• ¿Lo que pensar de la Bondad Divina, si permitiera que las almas escogeran su trayecto, de acuerdo con el libre albedrío, y después exigiera de ellas aquello que aún no han adquirido?

La Divinidad es "Puro Amor" y conoce muy bien nuestros manantiales espirituales, mentales, psicológicos y físicos, o sea, nuestra edad evolutiva, pues habita en nuestro interior y siempre nos suaviza los caminos.

En la justa sucesión de espacio y tiempo, condiciente con nuestro grado de visión espiritual, recibimos, por medio del flujo divino, la omnipresencia, omnisciencia y la omnipotencia del Creador en forma de "sentido de rumbo cierto", a fin de que podamos trillar las rutas necesarias a la ampliación de nuestros sentimientos y conocimientos. Dice la máxima: "No se cogen higos de espinas".[1] Ora, ¿cómo imponer metas sin tener en cuenta la capacidad de escoger y discernir de los individuos?"

Efectivamente, nuestro camino es el mejor que podíamos escoger, porque en verdad optamos por él, en la época, según nuestro nivel de comprensión y de progreso. Si, todavía, creemos hoy que ya no es el más adecuado, no nos culpen; simplemente cambiamos de dirección, escogendo nuevos caminos.

La trilla que consideramos "errada" es aquella que nos posibilitó el aprendizaje y el sentido de nuestro "mejor", pues sin el error probablemente no aprenderíamos la lección con seguridad.

Somos nosotros mismos que nos probamos; a cada paso experimentamos situaciones y personas, y de ellas extraimos ventajas y con ellas ampliamos nuestro modo de ver y sentir, a fin de crecer naturalmente, desarrollando nuestra consciencia.

Nadie nos condena, somos nosotros que creemos en el castigo y por eso nos autopunimos, provocando padecimientos con nuestros gestos mentales.

Aceptemos, pues, sin condenación, todos los caminos que recorremos. Todos son válidos si aprovechamos de ellos elementos educativos, los cuales, en conjunto, nos darán sabiduría para otras caminadas más felices.

Hasta aquellas sendas que apuntamos como caminos del mal no son excursiones negativas de perdición delante de la vida, sino solamente equivocadas opciones de nuestro libre albedrío, que a largo plazo no dejan de ser reeducativas y compensatorias.

Cada uno recorre la carretera cierta en el momento exacto, de conformidad con su estado de evolución. Todo está correcto, porque todos estamos en las manos de Dios.

---

[1]Lucas, 6:44.

Un impulso natural

"... *se sentimiento resulta, realmente, de una ley física: de la asimilación y repulsión de los fluidos...."*
"...de ahí la diferencia de sensaciones que uno experimenta a la aproximación de un amigo o de un enemigo..."
"...Amar a los enemigos... es no sentir contra ellos ni odio, ni rencor, ni deseo de venganza..."
(Cap. XII, ítem 3)

"Amar a los enemigos no es, pues, sentir por ellos una afección que no está en la Naturaleza, porque el contacto de un enemigo hace latir el corazón de manera bien diferente de la que hace el toque de un amigo".[1]

En la investigación profunda de la rabia, del rencor o de la ira, debemos considerar espontáneos e innatos en la psique humana los poderosos e irracionales impulsos de agresividad. Son emociones o formaciones psíquicas que el espíritu partilla con el mundo animal, de que hace parte y desde el cual evolucionó.

La moderna teoría evolutiva debe más a Charles Darwin que a cualquier otro evolucionista, pues ha sido toda ella construida en las bases de su obra intitulada *El origen de las especies*. Hoy está probado científicamente que las criaturas humanas sufrieron un proceso de evolución extraordinario. Solamente desde el homínido pre-histórico denominado

"Java" o "Pithecanthropus erectus" al hombre moderno, transcurrieron millares y millares de años de desenvolvimiento y perfeccionamiento del organismo del ser vivo.

De esa forma, no podemos separar la Naturaleza de nosotros, pues también somos Naturaleza, ya que pertenecemos a los mismos segmentos de la vida, desde el mineral, vegetal, animal al hombre. En la Naturaleza todo ha sido creado con un objetivo y función, porque nada de lo que está en nosotros está errado. Lo que pasa es que, muchas veces, usamos mal – o sea, no hemos aprendido a usar convenientemente y observando un sentido de equilibrio – las posibilidades más íntimas de nuestra alma inmortal.

En nuestros parientes distantes, los animales irracionales, hay el impulso del ataque/defensa. Ese mismo impulso, denominado "instinto de destrucción", también se manifiesta en nosotros y es una de las primeras manifestaciones de la ley de preservación, de la supervivencia de los animales en general e imprescindible para defenderlos de los peligros.

En los días actuales, el término "rabia" tal vez haya sido interpretado como siendo solamente crueldad, violencia, venganza, cuando, en realidad, significa primordialmente "estado de alerta", visto que esa energía emocional nos aguza todos los demás sentidos, para una eventual necesidad de protección y apoyo a cualquier hecho o situación que nos amenaze.

Ese impulso natural posibilita a nuestra miente más oportunidad de elaboración, percepción y raciocinio, dejándonos alerta para enfrentar y soportar las más diversas dificultades. Activa nuestros deseos de realización, impulsa acciones determinantes para que rompamos la timidez y el aturdimiento, nos encoraja a posicionarnos en el medio social y nos estimula a la defensa/huida ante situaciones de peligro.

En vista de eso, entendemos que exaltación, irritación, melindre, rabia, odio, violencia o crueldad hacen parte de la misma familia de impulsos, bien como el coraje, persistencia, determinación, audacia, valentía. Podemos sentir esas mismas emociones, en niveles de intensidad diversos, de conformidad con nuestro grado de evolución, conceptuando ese ímpetu con diversos nombres.

Etimologicamente, la palabra "emoción" significa "movimiento para fuera" y puede ser conceptuada como siendo "movimiento que sube o emerge delante de un posible estado de placer o dolor".

Emociones de "construcción", como se denominan la simpatía y el afecto, aparecen con la "anticipación del placer"; ya las emociones de "destrucción", también conocidas como rabia o irritación, surgen con la "anticipación del dolor".

Destrucción y construcción, es decir, rabia y placer, son los grandes impulsos del cual derivan todos los demás. Los instintos de construcción y destrucción son las fuentes primitivas a las cuales se liga todo el proceso de la vida y, por cierto, su control y direccionamiento darán un mejor o peor curso a nuestra existencia y a nuestro crecimiento personal.

Por lo tanto, cuando se niega al ser humano el derecho de expresar su rabia o placer, castrándolo en sus primeros años de vida, él se torna un niño sin defensa, con tendencia a poseer una personalidad tímida, miedosa y pasiva. Ya las "tolerancias ilimitadas" de los padres en esas áreas inducirán el niño a confundirse con el uso de sus impulsos de agresividad y afecto, pudiendo él presentar igualmente, en su estado adulto, comportamientos apáticos y demostrar una enorme falta de iniciativa, infantilización o superlativa dependencia del hogar.

Gran parte de los profesores, tíos, padres y abuelos tienen una visión obstinada y llena de prejuicio de la "rabia", soterrando los instintos natos del niño, castigándolo y viéndolo como una criatura mala e imperfecta, a la cual atribuyen actitudes reprochables.

Es por acreditar que tales energías emocionales son completamente condenables e inadmisibles que ellos fuerzan los pequeños a ser, a cualquier precio, "adaptados" y "bien-comportados", a su manera. Eso irá generar más adelante posturas de aislamiento y distanciamiento de los adultos, porque les han negado el ejercicio de aprender a comandar sus más importantes y primitivas emociones.

En el adulto, cuando hay contención de la rabia, se observa que el instinto se extiende hacia otros órganos del cuerpo físico, dando lugar así a la somatización, con el aparecimiento de las primeras señales de la enfermedad, pues ha sido hacia donde se desplazó y localizó la energía reprimida.

En otras situaciones, las manifestaciones del descontrol de esas energías generan crisis de furia, predisposición al suicidio, apatías, exageros sexuales, parálisis histéricas, sentimiento de culpa, fobias y otros tantos trastornos espirituales y mentales.

Todas las veces que somos incomodados o afrontados por agresores, el impulso de rabia se manifiesta. Es algo automático, nuestro "estado de alerta", que nos vigila y defiende de todo aquello que pueda comprometernos o destruir.

En criaturas más maduras, sin embargo, los impulsos instintivos se han moldado a su mentalidad superior, y ellas pasaron a controlarlos, canalizándolos de forma más adecuada y coherente. Esos dos impulsos fundamentales, el placer y la rabia, en esos mismos individuos, han sido depurados en sus estados primitivos – actividades eróticas y violentas – y transformados en actividades de las áreas afectiva y de iniciativa con determinación.

Esencialmente, todavía, hay que resaltar que el acto de transformación del impulso de destrucción no requiere su "anulación" o "extinción" en nuestra intimidad, sino el aprendizaje de transmutarlo, observando lo que significa literalmente la palabra "transformación", oriunda del latín: "trans" que quiere decir "a través de"; "forma", el modo por lo cual una cosa existe o se manifiesta; y "acto", acción". Entendemos por fin que, "a través de nuevas acciones, cambiaremos las formas por las cuales la rabia se manifiesta", sin todavía aniquilarlas o exterminarlas.

Con esa visión, la propuesta saludable de canalizar y sublimar la agresividad es que nos promovamos profesionalmente, creando actividades educativas, usando prácticas deportivas y otras tantas realizaciones. Todos aquellos que se dedican a actividades en las áreas de creación, como poetas, pintores, oradores, escultores, artesanos, escritores, compositores y otros, hacen parte de las criaturas que dirigen sus impulsos de agresividad para las artes en general, sublimándolos.

Por su vez, los que se ejercitan físicamente constituyen ejemplos clásicos de aquéllos que desplazan naturalmente para el deporte su energía de rabia. Otros tantos la transforman, redirigiéndola hacia actividades con personas carentes, en obras e instituciones de promoción y asistencia social.

Cuando los niños insisten en cortar, destruir, quebrar, aplastar, torcer, golpear o amasar, están apenas lidiando con sus emociones emergentes de rabia o sus impulsos agresivos, aprendiendo, para usarlos en el futuro con control y conveniencia. En vez de censurarlos y criticarlos, debemos ofrecerles un "material adecuado", para que esas manifestaciones puedan ocurrir plenamente, sin desamor o demás prejuicios.

De ese modo, "amar a los enemigos no es, pues, tener por ellos una afición que no está en la Naturaleza".[2] Nuestras emociones son energías que obedecen a las leyes naturales de la vida, están previstas en los estatutos de la "Ley de destrucción" y "Ley de conservación", y entran en acción automáticamente, disparadas cuando detectamos un adversario.

No obstante, "el contacto de un enemigo hace latir el corazón de manera bien distinta de la que hace el toque de un amigo",[3] es decir, la emoción energética de la rabia activa la glándula suprarrenal, que libera la adrenalina en la sangre. El corazón se acelera, la presión arterial sube, la respiración se intensifica, los músculos se contraen; por eso sentimos esa sensación extraña e incómoda.

En síntesis, "amar" a los enemigos o adversarios, en la interpretación de la enseñanza de Jesús Cristo, no es nutrir por ellos odio o cualquier propósito de venganza, ni mismo desearles ningún mal. Además de todo, el Maestro quería decir que nuestras emociones innatas de rabia, en nuestro actual contexto evolutivo, no quieren en verdad destruir nada de lo que está "fuera de nosotros", como se hacía en los primordios de la evolución. Al contrario, quieren defendernos, destruyendo conceptos, actitudes y pensamientos "dentro de nosotros", los cuales nos dejan susceptibles y vulnerables al mundo y, consecuentemente, nos hacen ser atacados, heridos y ofendidos.

---

[1] *El Evangelio según el Espiritismo*, cap. XII, ítem 3.
[2] *Idem.*
[3] *Ibidem.*

Desapego familiar

"... Pero Él les cotestó: '¿Quién es mi madre y quiénes son mis hermanos?' Y mirando aquellos que estaban sentados a su rededor dijo: 'He aquí mi madre y mis hermanos; porque todo aquél que hace la voluntad de Dios, ese es mi hermano, mi hermana y mi madre'."
(Cap. XIV, ítem 5)

En correcta acepción, desapego quiere decir el sentimiento de alguien que desenvolvió su capacidad de evaluar y seleccionar aquello que "puede" y "debe hacer" estructurado en su propio sentido de autonomía.

Agarrarse a familiares de modo exagerado genera desajustes y enfermedades psicológicas de las más diversas características: desde la más leve inseguridad – se debe o no salir de casa para un paseo solo, o que ropa debe usar – hasta el pánico incontrolable de todo y de todos, que lleva el individuo al desequilibrio en su desenvolvimiento y madurez emocional.

La reencarnación hace el ser humano ejercitar la independencia, cuando propone que él es un viajante temporario entre personas, sexo, profesión, países, continentes o mundos.

No obstante, ella no destruye los lazos de amor verdadero, antes crea diversos vínculos afectivos entre las almas. Padres, cónyuges, hijos y amigos vuelven a convivir en épocas y en posiciones completamente diferentes, estableciendo en consciencia una manera universalista de ver las relaciones de afecto y simpatía, sin aprisionamientos o dependencias.

Es importante comprender que, mismo en familia, no hemos venido a la Tierra sólo para hacer lo que queremos, para satisfacer nuestros caprichos o agradarnos, pues no debemos vernos como deudores o cobradores unos de otros, sino como criaturas compañeras que han venido cumplir una trayectoria evolutiva, estando por un tiempo juntas en el mismo grupo consanguíneo. De ese modo, debemos tener en cuenta la individualidad de cada miembro familiar y respetarlo, sin imposiciones o sumisiones, por el modo peculiar que ha encontrado de ser feliz y dirigir su propia existencia.

Cada persona que vive en este planeta debe aprender sus propias lecciones, y es inconcebible intentar hacer sus deberes por ellas, porque cada una aprende con sus propias experiencias y en el momento propicio.

Podemos sí, ofrecer a los familiares una atmósfera de comprensión y apoyo, para que tengan por sí solo la decisión de cambiar cuando y como desear, actitudes esas que permiten relaciones seguras y duraderas.

Es imperativo que se entienda que las acciones posesivas crean individuos serviles y profundamente inseguros, que en el futuro quizá vengan a necesitar que los familiares estén siempre a su alrededor, como una "corte", a fin de sentirse amparados.

Ejemplo clásico de criaturas apegadas son aquellas que fueron creadas por "superpadres" y que durante mucho tiempo se mantuvieron sujetadas y presas por los hilos invisibles de esa "supuesta protección", que, en realidad, era apenas una "forma inconsciente" de suplir factores emocionales de eses mismos adultos en desarreglo.

Niños que fueron educados bajo la orientación de adultos incapaces de establecer límites a sus voluntades y deseos, contentándolos de forma irrestricta, sin ninguna barrera, desenvolvieron dependencias patológicas que han generado progresivamente una acentuada incapacidad de resolver problemas peculiares a su edad, mientras otros, en esa misma edad, se muestran perfectamente habilitados para encararlos y solucionarlos.

Niños que se echan al suelo, entre crisis de falta de aliento y lloro fácil, sin ninguna razón de ser, son considerados mimados. Tales comportamientos resultan del hecho de haber sido tratados como incapaces y con actitudes infantilizadas.

Personas inseguras e insuficientemente maduras educan los hijos de la misma manera como han sido creadas, repitiendo en su familia presente los mismos comportamientos "superprotectores" que vivenciaron en la fase infantil; o hasta por haber tenido una enorme experiencia de rechazo en el hogar también adoptan la "superprotección" como forma de compensar todo aquello que han pasado y sufrido en la infancia.

Encontramos una de las lecciones más significativas sobre la libertad y el desapego en las palabras de Jesús de Nazaré, cuando, aprovechándose de las circunstancias en que estaban reunidas varias personas, lanzó la enseñanza del "amor sin fronteras".

A pesar de respetar y amar profundamente a su familia, exaltó el "desapego familiar" como una meta que todos deberíamos perseguir a fin de alcanzar los superiores principios de la fraternidad universal y el verdadero sentido de libertad integral.

Grado de sensibilidad

"... *H*ombres de una capacidad tan notoria que no la comprenden, mientras que inteligencias vulgares, de hecho jóvenes, apenas salidos de la adolescencia, la aprenden con admirable exactitud en sus más delicados matices..."

(Cap. XVII, ítem 4)

En realidad, son hombres sensibles todos aquéllos que aprendieron a focalizar intensamente la esencia de las cosas. Saben sintetizar y observar sin juzgar previamente las ocurrencias y asuntos, examinándolos como ellos se presentan realmente, con más y más lucidez y discernimiento.

Sensibilidad es patrimonio del espíritu que ya ha alcanzado cierto grado de percepción y perspicacia proveniente del cerne de los hechos. Facultad ésta que está cimentada en el "sentido de la realidad", que tiene la capacidad de penetrar en las ideas nuevas, captarlas y analizarlas sutilmente, con admirable eficiencia y exactitud.

Hay criaturas, todavía, que se apegan solamente a los fenómenos y manifestaciones espectaculares del mundo espiritual. Inmaturas e insensibles, no comprenden las consecuencias éticas que hay detrás de esas mismas manifestaciones. No perciben los horizontes ilimitados que se descortinan en razón de la creencia en la inmortalidad de las almas, pues no han sido "tocados en el corazón" por el sentimiento de que el Universo es el hogar que abriga a todos nosotros, eternos viajantes en la embarcación de la vida.

Por no poseer la "parte esencial", no toman consciencia del hecho de que existir es participar de una constante y eterna renovación, que impulsa las criaturas al autoperfeccionamiento. Hay tiempo de empezar, crecer, transformar y recomenzar, en un eterno reciclar de experiencias.

Todavía, aquéllos cuyo "nivel de madurez" se ha desarrollado se diferencian de los demás porque con sus sentidos apurados focalizan la profundidad de las cosas y, en muchas ocasiones, consiguen hasta percibir que algunas ciencias son mucho más espiritualistas que determinadas creencias o cultos religiosos.

Hay ciencias que trascenden la vida física por la suma de bases universalistas: observan la interacción de las relaciones entre seres vivos y el medio ambiente, una asociación harmónica de "Orden Divina" y de cuño fraternal. Por otro lado, hay religiones que dejan mucho a desear cuanto al sentimiento de fraternidad: promueven recompensas inmediatas y se quedan presas a dogmas materialistas de infalibilidad y autoritarismo.

Los seres humanos sensibles viven despiertos tanto en sus sentidos externos bien como en los internos, están vivos en plenitud, pues experimentan la atmósfera de cada momento.

Están siempre reflexionando y discerniendo sobre sus emociones y sentimientos, porque ya se permiten experimentar toda una sucesión de sensaciones, procedentes de las experiencias ocurridas durante las relaciones humanas.

Por lo tanto, podemos confiar en que cada uno de nosotros, a su tiempo, se sensibilizará con las cosas espirituales, visto que el desenvolvimiento de nuestro grado evolutivo transcurre natural e incesantemente en razón de los impulsos de progreso que recibimos de las leyes divinas que traemos en nosotros.

Aquéllos que se prenden únicamente a los fenómenos de mediunidad y no llegan a transformarse espiritualmente encontrarán asimismo, en ese comportamiento, "un primer paso que tornará más fácil un segundo en otra existencia".[1] Se trata de un proceso que no ocurre en otra vida de la noche para el día, sino que se va proyectando a lo largo del tiempo y siempre nos llega cuando estamos listos para crecer. No por acaso, "cuando el alumno está listo, el profesor siempre aparece".

---

[1] *El Evangelio según el Espiritismo*, cap. XVII, ítem 4.

Incógnitas

"... Todos tenéis más tendencias a vencer, defectos a corregir, hábitos a modificar; todos tenéis un fardo más o menos pesado a deponer para escalar el ápice de la montaña del progreso. ¿Por qué, pues, ser tan clarividentes con respecto al prójimo y ciegos en relación a vosotros mismos?..."

(Cap. X, ítem 18)

Analizas una obra asistencial y la criticas, afirmando que la tarea podría ser más bien hecha, que la atención ofrecida requiere técnicas más apropiadas y que, si otras prioridades fueran alcanzadas, las metas sociales serían más amplias.

Pero no te dispones a donar tiempo y tus manos para proporcionar una vida mejor a los necesitados.

Analizas el expositor y lo criticas, argumentando que la narrativa podría ser más convincente y menos aburrida. Que si él lanzara manos de recursos de oratoria y tuviera un vocabulario más rico, prendería más la atención y elucidaría mejor los oyentes.

Pero no te dispones a leer, a estudiar y mucho menos a hablar en público en el servicio de reeducación de la gente, alejándolas de las creencias negativas que bloquean vidas.

Analizas el administrador del servicio y lo criticas, aseverando que su posición es intransigente y orgullosa, juzgando que él debería ser más humilde y comprensivo en el trato con aquéllos que dirige.

Pero no te dispones a usar la misma comprensión y humildad que se te exigen, no percibiendo que ves el cisco en el ojo ajeno y no ves la trabe en el tuyo.

Analizas la conducta de otras personas y las criticas, observando rigurosamente procedimientos y actitudes que juzgas inadmisibles, quedándote distante e impermeable a conductas que consideras livianas.

Pero no te dispones a ayudar sinceramente a nadie y te olvidas que puedes errar, una vez que todos los que vivimos sobre la Tierra somos pasibles de engaños y desaciertos.

Analizas el gobierno del país y lo criticas, juzgando por tu óptica que todos los parlamentares u ocupantes de cargos públicos no son confiables ni buenos servidores, y que la nación está envuelta en el caos.

Pero no te dispones a cooperar y nada haces por la comunidad en que vives, relegando las obligaciones y deberes solamente a los gobernantes, olvidando que todos nosotros vivimos interrelacionados y que también depende de ti el bienestar y la prosperidad de la población.

Analizas dolores y sufrimientos y criticas la vida, diciéndote solo y desamparado ante la Providencia Divina y que Dios te abandonó.

Pero no te dispones a renovarte, no te dando cuenta de que, si no hicieres autocrítica, observando tus actos y actitudes negativas, continuarás atrayendo energías desconectadas que descontrolarán tu cosmo orgánico.

Incoherente es la posición de toda criatura que reclama, critica, ofende, grita y que nunca está apta a hacer algún bien, sea a favor de sí misma o de los demás.

Perplejos nos quedamos todos delante de los ruegos de las personas que solicitan ayuda con los labios pero nunca con acciones; que mucho piden y nunca donan; que solamente visualizan las propias necesidades y nunca ven la vida como un ritmo cósmico en el cual todas las cosas están interconectadas, de manera que el "todo" es mantenido con el apoyo de las "partes".

Examinemos pues, con profundidad, nuestras críticas, porque ellas dificultarán la transformación y el progreso de nuestra existencia, si no fueren estructuradas en la reflexión y reparación de nuestros errores.

Para que no seas una incógnita en la vida que Dios te proporcionó, no hagas crítica apenas para criticar, sino trabaja como y cuanto puedas, siempre en tu órbita de posibilidades, para que la prosperidad sea una constante en tus caminos.

Estado mental

"... El egoísmo es, pues, el objetivo para el cual todos los verdaderos creyentes deben dirigir sus armas, sus fuerzas y su coraje; Digo coraje porque se necesita más coraje para vencer a sí mismo que para vencer a otras personas..."

(Cap. XI, ítem 11)

Para alcanzar la espiritualidad, ya afirmaban las antiguas religiones del Oriente, el hombre tería de apartarse del estado de maya[1], es decir, de las ilusiones de la existencia, del nacimiento y de la muerte.

Para llegar al "nirvana", decían que sería imperativo extinguir todo el deseo de ser, aniquilando así el "ego", que es la individualidad exaltada y distraída por las fantasías del mundo.

Al mismo tiempo, Jesús Cristo nos dice que para alcanzar el "Reino de Dios" es necesario que nos despojemos del "egoísmo", el terrible adversario del progreso espiritual.

Las Bien-aventuranzas del Maestro nada más son que vías para alcanzarse la iluminación, o sea, elevarse a través de la mansedumbre, humildad y simplicidad, abandonando todo sentimiento de personalismo.

La moderna psicología dirige toda su atención a hacer que

las personas entren en contacto con la realidad y terminen con sus ilusiones, que son las causas de la distorsión de su visión y percepción de sí mismas en relación a las demás.

El maya de las religiones orientales era todo lo que impedía las almas de atingir el estado de "bien-aventuranza", o "nirvana", o "reino de los cielos", conforme las diferentes denominaciones y creencias religiosas.

La ilusión de satisfacer los propios intereses en detrimento de los intereses de otros es realmente aquello que caracteriza el estado de egoísmo – un conjunto enorme de ilusiones que nos aleja del sentido de realidad y de una mejor comprensión de todo y todos.

"No debo ser contrariado", "Tengo que controlar las personas", "Soy el dueño de la verdad". "Nunca eso podría haber pasado conmigo" son actitudes ilusorias heredadas por nosotros de creencias despóticas y prepotentes, hijas de la egolatría, o sea, del "culto al yo".

Las ilusiones de "todo para mí" o de "todo gira en mi rededor" vienen del interés individualista, resquicio de la animalidad por donde hemos transitado, "en pasadas eras", en contacto con los reinos más pequeños de la naturaleza.

En el mundo animal, la caza nada más es que el uso de los instintos de preservación y conservación. Felinos de grande o pequeño porte como, por ejemplo, el león y el gato, matan seres indefensos y mansos, como el antílope y el colibrí, únicamente para alimentar a sí propios y sus crías. No deben, todavía, ser considerados seres egoístas y crueles, ya que están apenas poniendo en práctica los mecanismos atávicos de su creación, frutos de la propia Naturaleza.

"El egoísmo y el orgullo tienen su origen en un sentimiento natural: el instinto de conservación. Todos los instintos tienen su razón de ser y su utilidad, porque nada que Dios haga puede ser inútil."[2]

Con la simple presencia en el hogar de un segundo hijo, es perceptible en casi todos los niños la necesidad de atención exclusiva de los padres en torno de ellos, como centro de todo. Es natural y comprensible el aparecimiento del impulso de egoísmo.

El miedo de perder las satisfacciones de sus deseos, los cuidados y compensaciones psicoemocionales hace que el niño en esas condiciones use el "instinto de preservación", a fin de "conservar" el cariño, la caricia y el amor, antes solamente dirigidos hacia él y ahora divididos con el nuevo hermano.

Si ya no ha tomado proporciones alarmantes, el denominado celo o egocentrismo infantil no podrá considerarse anormal. Es una reacción natural frente a situaciones verdaderas o imaginadas de pierda de afecto, pudiendo existir sutilmente disfrazada o claramente demostrada.

En las criaturas que dan sus primeros pasos en el perfeccionamiento ético-moral, la tendencia egoísta es un estado instintivo, propio de su grado evolutivo, y no un defecto de carácter incomprensible, ni una imperfección inexplicable de la índole humana.

"Ese sentimiento, encerrado en sus justos límites, es en sí bueno; es el exagero que lo hace malo y pernicioso..."[3] Como el feto necesita, por determinado tiempo, del cordón umbilical o de la placenta para su manutención, así también la humanidad transformará de forma integral ese impulso innato y ancestral, adquirido a través de siglos y siglos, en la lucha por la supervivencia en los estadios primitivos de la vida.

Esa misma humanidad absolverá en el futuro actitudes más equilibradas y coherentes con su nivel evolutivo, aprendiendo a usar cada vez mejor sus sentimientos, antes solamente instintos.

De esa forma, entendemos que el egoísmo, ese agrupamiento de ilusiones de supremacía, existirá por determinado periodo de tiempo en las criaturas, hasta que ellas consigan tomar consciencia de que la actitud de "lavarse las manos", de Poncios Pilatos, es decir, consideración excesiva a sus intereses personales, actuando arbitrariamente, siempre traerá desilusiones y obstrucciones en la percepción del mundo en que vivimos. Ya el ejemplo de Cristo nos transfiere hacia una amplia realidad de que el amor es la única fuerza capaz de traernos lucidez y equilibrio en el trato con nosotros propios y con las otras personas.

El antídoto contra el egoísmo es: "No hacer a otros lo que no nos gustaría que otros nos hicieran".

---

[1] Palabra de origen sánscrita que significa ilusión. (N. E.)
[2] *Obras póstumas* – Allan Kardec, cap. "El egoísmo y el orgullo".
[3] *Idem.*

Los ojos del Amor

"Aunque yo hablara todas las lenguas de los hombres, y hasta la lengua de los ángeles, si no tuviera caridad no sería sino como un bronce sonante..."
"...La caridad es paciente: es dulce y benévola; la caridad no es vanidosa; no es temeraria y precipitada; no se llena de orgullo; no es desdeñosa; no busca sus propios intereses; no se melindra y no se irrita con nada..."
(Cap. XV, ítem 6)

Cuando Pablo de Tarso definió la verdadera caridad, dejando implícito ser ella la "reunión de todas las cualidades del corazón", es decir, el "amor", la ha diferenciado completamente de la prestación de servicios a otros, de la distribución de limosnas, de la asistencia social, de la ayuda patológica a los dependientes afectivos, de compensaciones de baja estima, o de todo lo que se refería a las actitudes exteriores, sin cualquier envolvimiento del amor verdadero.

Reforzó su concepto acrecentando que: "Y cuando yo hubiera distribuido mis bienes para alimentar a los pobres, y hubiera entregado mi cuerpo para ser quemado, si no hubiera tenido caridad, todo eso no me serviría de nada".

Muchas veces, "donamos cosas" o "favorecemos personas", a fin de proporcionar a nosotros mismos, durante algún tiempo, una sensación de bienestar, de poder íntimo o de vanidad personal, con lo que compensamos nuestros desajustes emocionales y complejos de inferioridad.

Son sentimientos transitorios y artificiales que persisten entre las criaturas, que, no estando satisfechas consigo mismas, sienten profunda desconsideración y disgusto, y para supervalorizarse hacen "algo para el prójimo", a fin de probar a otros que son buenas, importantes y merecedoras de atención.

En realidad, caridad es amor, y amor es la divina presencia de Dios en nosotros. Rayo con que Él modela todo, el amor es considerado la real estructura de la vida y la base de toda la Ley Universal.

Es imprescindible esclarecer que hay muchas formas de focalizar la caridad, y nosotros nos reportaremos a ella como el "amor esencia" – son energías que emergen de nuestra naturaleza más profunda: la Omnipresencia Divina que todo permea.

Minerales, vegetales, animales y seres humanos, al mismo tiempo que vibran también reciben esa "vitalidad amorosa", en un fenómeno de cambios incesantes. Un pedazo de roca permanecerá como tal, mientras la "atracción" y la "tendencia" de sus átomos y moléculas los mantengan atraídos e integrados. Tales "atracciones" constituyen los primeros estadios de esa energía del amor en los seres primitivos. Semejante "poder de atracción" prospera y se movimienta en cada fase de la vida, de conformidad con el grado evolutivo en que se encuentren los elementos y las criaturas en ascensión.

Observemos la Naturaleza: propensiones, gustos e identificaciones con las cuales se particularizan cada ser del Universo, incluso la propia criatura humana, son movimientos de esa "fuerza de predilección", nombrada comúnmente de "aspiración amorosa".

Según el apóstol Juan, "Dios es Amor: aquél que permanece en el Amor, permanece en Dios y en él permanece Dios".[1] Consecuentemente, nosotros, sus herederos e hijos, somos

Amor, creados por ese plasma divino; por lo tanto, somos oriundos del "Amor Inconmensurable" que sustenta y dirige sus criaturas y creaciones universales.

Todos estamos nos descubriendo en el proceso dinámico de la evolución, que se asemeja a un graduable sacar de pétallos de camadas y más camadas; se inicia por las más densas hasta atingir "el cerne" – nuestra esencia amorosa.

"Dios hizo a los hombres a su imagen y semejanza"² y, de esa forma, solamente vamos a conocer el verdadero sentido de la caridad como amor creativo, integrador y generoso, cuando tuviéremos una clara consciencia de nosotros mismos.

En el momento en que pasemos a identificar en otras personas la misma esencia de amor de la cual ellas y nosotros somos hechos, seremos capaces de discernir lo que es el sentimiento de caridad. Quienesquiera sean – jóvenes, viejos, niños, sanos o enfermos, hombres o mujeres, se pasamos a amarlos incondicionalmente, como nos ejemplificó Jesús, Nuestro Maestro y Señor, sólo ahí estaremos completamente integrados en la caridad.

Caridad no consiste en asumir y comandar los sentimientos, decisiones, bienestar, problemas, evolución y el destino de las personas, en fin, todo aquello que ellas pueden y deben hacer por sí mismas, porque cuando intentamos reducir sus dificultades, responsabilizándonos por sus actos, estamos también impidiendo su real crecimiento y madurez, solamente alcanzados a través de las experiencias que deben enfrentarse. Así, acabamos transformando el verdadero mensaje de la caridad, del amor o de la donación verdadera.

Encontramos aun en la 1ª Epístola de Juan: "No escribo un nuevo mandamiento, sino aquél que tuvimos desde el principio: que nos amemos unos a otros".³

Cuanto más limitada y particularizada la manera de vivir el amor, menos consciencia tendremos de que todos los seres humanos poseen una capacidad ilimitada de amar muchas personas al mismo tiempo. Cuanto más compartillemos el amor con otros, más nos desenvolveremos y alcanzaremos una vida plena.

Mirar al prójimo con ojos de amor es la gran propuesta de la caridad. El verdadero sentido de la palabra "caridad", como la entendía Jesús era: "Benevolencia con todos, indulgencia con las imperfecciones ajenas, perdón de las ofensas".[4]

Caridad es amor, y no hay amor donde no haya "profundo respeto" a los seres humanos. Si sustituimos en la conceptuación de Jesús las palabras "benevolencia", "indulgencia" y "perdón" por "amor/respeto", podemos comprender realmente ese sentimiento incondicional del Maestro por todas las criaturas.

He aquí las reglas básicas de la conducta de Cristo: "amor/respeto con todos", "amor/respeto con las imperfecciones ajenas", "amor/respeto con los ofensores".

No olvidemos, todavía, que respetar al otro no quiere decir "ser conivente" o "mantener complicidad".

Concluimos ajustando el texto de Pablo a nuestro mejor entendimiento: "Aunque yo hablara la lengua de los hombres y también la de los ángeles, aunque tuviera el don de la profecía y penetrara todos los misterios, aunque dominara la ciencia y tuviera una fe tan grande que removiera montañas, todo eso no me serviría de nada si no tuviera amor/respeto con los seres humanos".

---

[1] I Juan, 4:16.
[2] Gênesis, 1:26.
[3] I Juan, 3:11.
[4] Cuestión 886, *El Libro de los Espíritus*.

Viejas recordaciones, viejas enfermedades

"¿Cuántas veces perdonaré a mi hermano? Se lo perdonaré no siete veces, sino setenta veces siete..."
"...Escucháis, pues, esa respuesta de Jesús y, como Pedro, aplicad las palabras del Mestre a vosotros mismos; perdonad, usad de indulgencia, sed caritativos, generosos, hasta pródigos con vuestro amor..."

(Cap. X, ítem 14)

Traemos múltiplos clichés mentales archivados en el inconsciente profundo, resultado de viejas recordaciones danosas heredadas de las más variadas épocas, sea en la actualidad, sea en otras existencias en el pasado distante.

Esas fuentes emiten, a través de mecanismos psíquicos, energías que no nos dejan salir con facilidad del flujo de esos eventos desagradables, registrados por las retinas del alma, manteniéndonos paralizados en antiguas maguas y heridas morales entre los fardos de la culpa y de la vergüenza.

Como no nos recordamos de que el perdón a nosotros mismos y a otros es un poderoso instrumento de cura para todos los males, impedimos el pasado de fluir, no dando oportunidad a la renovación, sino a las enfermedades y desalientos.

Intentamos vivir alienados de nuestros resentimientos y viejas amarguras distrayéndonos con juegos y diversiones o hasta buscando alivio en el trabajo constante, pero apenas estamos adiando la solución futura del dolor, porque esas medidas son temporarias.

Es más fácil decir que se tiene una úlcera gástrica que admitir un descontentamiento conyugal; es más fácil también que uno admita ser portador de una frecuente cólica intestinal que aceptarse como individuo colérico e inflexible.

Muchas enfermedades antes consideradas orgánicas están siendo reconocidas ahora como "psicosomáticas", porque en su origen se han encontrado factores psicológicos expresivos.

Las enfermedades físicas son casi siempre traducidas como somatizaciones de recuerdos enfermizos de odio y venganza, que, si duran mucho, resultan en males crónicos.

De esa forma, se debe comprender que la gravedad y la duración de los síntomas de debilidad y abatimiento orgánico son directamente proporcionales a la persistencia con que se mantienen abiertas las viejas llagas del pasado.

Las predisposiciones físicas de las personas a caer enfermas nada más son que tendencias morales del alma, que pueden modificar las cualidades de la sangre, dándole más actividad o menos, provocando secreciones ácidas u hormonales más o menos abundantes, llegando hasta a perturbar las multiplicaciones celulares, comprometiendo la salud como un todo.

Por lo tanto, las causas de las enfermedades somos nosotros que las causamos sobre nosotros mismos cuando actuamos de modo equivocado, y para que tengamos equilibrio fisiológico es necesario que cuidemos de nuestras actitudes íntimas, conservando en el alma la armonía.

Indulgencia se define como la facilidad que se tiene de perdonar. Muchos de nosotros vivemos intentando probar que siempre estuvimos ciertos y que teníamos toda la razón;

otros insisten en resaltar los errores y las faltas ajenas. Pero, si queremos salud y paz, debemos libertarnos de esos fardos pesados que nos impiden de volar más alto, hacia las posibilidades del perdón incondicional.

Perdonar no significa olvidar las marcas profundas imprimidas en nosotros, o cerrar los ojos a la maldad ajena. Perdonar es desarrollar un sentimiento profundo de comprensión, sabiendo que aun estamos todos distantes de actuar acertadamente. Como no estamos, momentáneamente, en completo contacto con la intimidad de nuestra Creación Divina, todos tenemos, en varias ocasiones, gestos de irreflexión y acciones inadecuadas.

Nos libertaremos de las viejas enfermedades cuando los viejos recuerdos del "no-perdón" dejen de comandar nuestra vida.

Insatisfacciones

"*Uno de los defectos de la humanidad es que vemos el mal del otro antes de ver el que está en nosotros...*"

"*...Incontestablemente, es el orgullo que lleva el hombre a disimular sus propios defectos, tanto los morales como los físicos...*"

(Cap. X, ítem 10)

Jóvenes, adultos, ancianos, criaturas de varias posiciones sociales y de los más diferentes contextos de vida sufren el aguijonazo de la insatisfacción.

Muchos solteros buscan incesantemente parceros afectivos para que las "zarzas de la soledad" no pinchen sus necesidades íntimas de alcanzar la completud a través del amor, olvidándose, sin embargo, que soledad es falta de confianza en nosotros mismos, cuando nos rechazamos y nos despreciamos, y no apenas la falta de alguien en nuestra vida.

Muchas personas reclaman sistemáticamente que ya no ven el parcero con los mismos ojos de antes, por eso se sienten desilusionados y abalados delante de la unión infeliz, que otrora juzgaban acertada. Sin embargo, no han observado que la decepción no era con el otro, sino con ellos propios. Por no aceptar sus fracasos, proyectan sus incompetencias e insatisfacciones como si como si se debieran a otros y nunca a sí mismos.

Varias criaturas enfrentan la pobreza, luchan incansablemente para la adquisición de recursos monetarios, intentando de esa forma salir de los sufrimientos causados por la miseria. No perciben, todavía, que prosperidad es una actitud espiritual, y que cuanto más declaran a su miente que están abiertos para aceptar la abundancia del Universo más su consciencia se vuelve próspera; que la verdadera prosperidad no se expresa en la cantidad de bienes materiales que poseen, sino en recibir y dividir todo ese inmenso tesoro de posibilidades heredado por medio de nuestra Creación Divina.

Muchos ricos trabajan constantemente para acumular más y más y afirman que eso es necesario para asegurar la manutención de los bienes ya acumulados, por providencia y cautela. No se dan cuenta de que su insatisfacción es producto de la ganancia desmedida, por alimentar creencias de escasez y mengua, por creer que es la riqueza que los hace hombres respetados y considerados, pues aún no han tomado consciencia de lo que es "ser" y "tener".

Otros tantos buscan el poder como forma de encubrir el disgusto y de se autoafirmar frente al mundo, esclavizando en plena actualidad criaturas simples e incautas, para satisfacer su "ego neurótico". El desánimo tomó tamaña dimensión en su rededor que ellos creen que, ejerciendo arbitrariamente el mando y faltando con el respeto a las leyes y a los límites ajenos, pueden eliminar el desaliento que siempre los amenaza.

Jóvenes y adultos buscan disimular la insatisfacción interior, y para eso adquieren títulos académicos, suponiendo que la otorga de esa distinción pueda traerles permiso, ante la sociedad, para dominar o sobresalir, con el prestigio y capacidad que creen poseer. Lo que ocurre, sin embargo, es que aun no descubrieron el verdadero prestigio y capacidad, solamente posibles a partir del momento en que inviertan en sus valores más íntimos, en busca de autodominio.

Insatisfacción no se cura proyectándola sobre situaciones, personas, títulos, poder, posiciones sociales, sino reconociendo su origen.

Jesús de Nazaré, el Sublime Preceptor de Almas, nos convoca a distinguir las "verdaderas vigas" que no nos dejan ver las "causas reales" de nuestras insatisfacciones, y nos receta de forma implícita el remedio ideal: a través del autodescubrimiento, hacer emerger del hondo nuestro las fuentes de los comportamientos inadecuados, que provocan esa incómoda atmósfera de "descontentamientos" que nos envuelve de tiempos en tiempos.

Perfección versus perfeccionismo

"...¿Y si vosotros apenas saludarais a vuestros hermanos, qué hacéis en eso más que los otros? ¿Los paganos no lo hacen también? Sed pues perfectos, como es perfecto vuestro Padre Celestial."

(Cap. XVII, ítem 1)

Las tendencias al perfeccionismo tienen raíces profundas y escondidas, revelando a veces un fuerte miedo, indefinido y oculto. La diferencia principal entre un individuo saludable y el perfeccionista es que el primer controla su propia vida, mientras el segundo es controlado sistemáticamente por su compulsión pertinaz.

Como suma de múltiplas existencias, traemos en nosotros creencias negativas de que nuestro valor es medido por los desempeños exitosos y que los errores nos rebajarían el merecimiento como persona. Vienen de ahí las desconectadas emociones de miedo, desagrado y punición. Como ejemplo, pensamos inconscientemente que, se fuéremos imperfectos y no cumplidores, las personas ya no van a confiar en nosotros o jamás tendremos suceso en la vida. El trastorno de los perfeccionistas es no aceptarse como espíritus falibles, pensando lo mismo con respecto a otros que estén en esa misma condición, intentando de ese modo agradar a todos y corresponder a sus expectativas.

A veces los perfeccionistas pueden hasta pensar, pero no admiten: "Si fracaso, van a criticarme"; en otras ocasiones, insisten en decir que "no piensan así", demostrando, todavía, lo contrario, pues se quedan profundamente descontrolados cuando cometen algún error.

Ciertas fijaciones en el desempeño perfecto son necesidades de aprobación y cariño que nacieran durante la niñez: "Si no hicieres todo muy bien hecho, ya no vas a gustar a mamá y papá". Son voces del pasado que hasta hoy hacen eco en las mientes perfeccionistas.

En muchas situaciones, eses disturbios de comportamiento llevan los individuos a una lentitud superlativa cuando hacen las cosas. Quieren hacerlo todo con tantos detalles y precisión que nunca acaban sus tareas. Otros son conocidos como tardos, o sea, extendien sistemáticamente la acción, por temer un desempeño imperfecto. Por ejemplo, si empiezan a sacar punta a un lápiz, llevan el objeto a la destrucción en algunos minutos, debido a la busca milimétrica de perfección. Otros síntomas o señales más comunes: hay personas que son obcecadas con la disposición simétrica de las cosas, de modo a no dejar nada ni un centímetro fuera del lugar. Cuanto más verifican, más quieren comprobar y más tienen dudas.

Los perfeccionistas sienten necesidad de ser impecables, responden a todas las preguntas, hasta aquellas que no saben correctamente. Por poseer desórdenes psíquicas, buscan incesantemente controlar el orden exterior, vigilando los comportamientos ajenos como verdaderos jueces de la moral y las costumbres.

Es porque no admitimos el error y no percibimos que el único fracaso legítimo es aquel con lo cual nada aprendemos que los conceptos de perfección enfermizos perturban constantemente nuestra zona mental. Por eso, el error no debe considerarse pierda definitiva, sino apenas una experiencia de aprendizaje.

"Sed pues perfectos, como es perfecto vuestro Padre Celestial" – nos dijo Jesús Cristo. Entretanto, no nos incita con esa asertiva a que tomemos "aires" de perfección presumida, sino que nos esforcemos para un crecimiento gradual en el proceso de la vida, que es lo que nos dará oportunamente habilidades cada vez mayores y mejores.

Somos todos convocados por el Maestro al ejercicio de perfeccionamiento, pero contamos con el tiempo y la práctica como factores esenciales, olvidando la perfección enfermiza, ligada a una "determinación que nos martiriza y desgasta", haciéndonos despender enorme carga energética para mantener una apariencia irreprensible.

Repensemos el texto cristiano, reflexionando si estamos buscando el crecimiento rumbo a la perfección, o si estamos simulando poseer una santidad que no soporta siquiera el toque de la menor contrariedad.

Autoperdón

"Perdonar a los enemigos es pedir perdón a sí mismo..."
"...si sois duros, exigentes, inflexibles, si tenéis rigor hasta con una ofensa leve, ¿cómo queréis que Dios olvide que a cada día tenéis más necesidad de indulgencia?..."
(Cap. X, ítem 15)

Nuestras reaciones delante de la vida no ocurren en función apenas de los estímulos o de los acontecimientos exteriores, sino también y sobretodo de como percibimos y juzgamos interiormente esos mismos estímulos y acontecimientos. En verdad, captamos la realidad de los hechos con nuestras percepciones más íntimas, desencadenando, consecuentemente, peculiares emociones, que serán las bases de nuestras conductas, reacciones y comportamientos en el futuro.

Por lo tanto, nuestra forma de evaluar y reaccionar, con las actitudes que tomamos en relación a otras personas, conceptuándolas como buenas o malas, es determinada por un sistema de autocensura que se encuentra estructurado en nuestros "niveles de consciencia" más profundos.

Toda y cualquier postura que asumimos en la vida se prende a la manera como vemos el mundo fuera y dentro de nosotros, la cual puede llevarnos a una sensación íntima de realización o frustración, de contentamiento o culpa, de perdón o punición, de acuerdo con el "código moral" modelado en la intimidad de nuestro psiquismo.

Ese "juzgador interno" se ha formado sobre las bases de conceptos que acumulamos en tiempos pasados de incontables vidas, bién como con nuestros padres actuales, los enseñamientos de los profesores, de líderes religiosos, con el médico de la familia, las autoridades políticas de expresión y la sociedad.

Se da también de forma sutil y casi inconsciente, en el contacto con informaciones, órdenes, historias, supersticiones, prejuicios y tradiciones asimilados de los adultos con quienes convivimos durante largos periodos de nuestra vida. Por lo tanto, él, el juzgador interno, ni siempre condice con la realidad perfecta de las cosas.

Esa "consciencia crítica", que juzga y cataloga nuestros hechos, autocensurando o autoaprobando, influencia la criatura, haciéndola actuar del mismo modo que los adultos hicieron con ella cuando chiquilla, puniéndola cuando no se comportaba de la manera justa y correcta como tal vez haya aprendido a ser; o pasándole una sensación de aprobación y reconforto cuando ella actuaba dentro de las propuestas que ha asimilado como correctas y decentes.

La génesis del no-perdón a sí mismo está basada en el tipo de informaciones y mensajes que acumulamos a través de las diversas fases de evolución de nuestra existencia de almas inmortales.

Podemos experimentar culpa y condenación, perdón y libertad, de acuerdo con nuestros valores, creencias, normas, reglas vigentes, pudiendo variar de un individuo a otro, conforme el país, sexo, raza, clase social, formación familiar y fe religiosa. Se entiende así que, para atingir el autoperdón, es necesario que cada uno proceda a la reexaminación de sus convicciones profundas sobre la naturaleza de su propio ser, estudiando las leyes de la Vida Superior, bien como las raíces de la educación que ha recibido en la niñez, en esta existencia.

Una de las grandes fuentes de autoagresión viene de la busca apresada de perfección absoluta, como si de un momento a otro todos debieran ser dioses o diosas. Además, la exigencia de perfección es vista como la peor enemiga de la criatura, pues la lleva a una constante hostilidad contra sí misma, exigiéndole capacidades y habilidades que ella aún no posee.

Si padrones muy severos de censura han sido establecidos al niño por padres perfeccionistas, o se le ha sido impuesto un sentido de justicia implacable, entre reglamentos disciplinarios rígidos, probablemente la persona se tornará un adulto inflexible e irreducible con otros y consigo mismo.

Cuando queremos siempre perfección en todo y nos confrontamos con el lado "inadecuado" de nuestra naturaleza humana, nos sentimos fatalmente disminuidos y envueltos por un aura de fracaso. No tomar consciencia de nuestras limitaciones es como si admitiéramos que otras personas y nosotros mismos debiéramos ser omniscientes y todopoderosos. Afirma la gente: "Me recrimino por haber sido tan ingenuo en aquella situación...", "Tengo rabia de mí mismo por haber aceptado tan fácilmente aquellas mentiras...", "¿Debería yo haber previsto eses problemas actuales?" "No consigo perdonarme, pues pensé que él cambiaría...". Son maneras de expresar nuestra culpa y el no-perdón a nosotros mismos – exigencias desmedidas atribuidas a las personas perfeccionistas.

Los viciados en perfección creen que siempre pueden hacer

todo mejor que qualquier persona, por lo tanto, rechazan casi todo lo que hacen o han hecho otros. No aceptan sus limitaciones y no ven la "perfección en potencial" que hay dentro de sí mismos, perdiendo así la oportunidad de crecimiento personal y de desarrollo natural, gradual y constante, que es la técnica de las leyes del Universo.

La desestima por nosotros nace cuando no nos aceptamos como somos. Solamente la autoaceptación nos lleva a sentir plena seguridad ante los hechos y ocurrencias del cotidiano, aunque los individuos al rededor nuestro no entiendan nuestras mejores intenciones.

El perdón concede paz de espíritu, pero esa concepción se nos escapa del alma se estamos presos al deseo de dirigir los pasos de otra persona, no respetando su propósito de vivir.

Debemos comprender que cada uno de nosotros está cumpliendo un destino sólo suyo, y que las actividades y modos de otras personas se ajustan solamente a ellas mismas. Establecer padrones de comportamiento y modelos idealizados para nuestros semejantes es pura falta de respeto e incomprensión ante el mecanismo de la evolución espiritual. Admitir y aceptar las personas tal como son nos permite que ellas nos admitan y nos acepten como somos.

Perdonarnos resulta en amor a nosotros mismos – que es el pre-requisito para se alcanzar la plenitud del "bien vivir".

Perdonarnos es no importarnos con lo que fuimos, pues la renovación está en el instante presente; lo que importa es como somos hoy y cual es nuestra determinación de buscar nuestro progreso espiritual.

Perdonarnos es convivir con la más nítida realidad, no se distrayendo con ilusiones de que las otras personas y nosotros mismos "deberíamos ser" algo que imaginamos o a cuyo respecto tecemos fantasías.

Perdonarnos es comprender que aquellos que nos cercan son reflejos de nosotros mismos, que creamos y materializamos a través de nuestros pensamientos y convicciones íntimas.

El texto en estudio – "Perdonar a los enemigos es pedir perdón a sí mismo" – quiere decir: mientras no nos libertemos de la necesidad de castigar y punir el prójimo, no recibiremos la dádiva de la comprensión para el autoperdón.

Adaptando las palabras del apóstol Pablo a nuestra vida, preguntémonos: "...si sois duros, exigentes, inflexibles, si tenéis rigor hasta con una ofensa leve...", ¿cómo haberemos de crear oportunidades nuevas para que el "Divino Proceso de la Vida" nos fecunde el alma con la plenitud del Amor y, así, podamos perdonarnos?

Unirse a Dios

"...*La forma no es nada, el pensamiento es todo. Orad, cada uno de vosotros, según vuestras convicciones y el modo que más os toca: un buen pensamiento vale más que numerosas palabras extrañas al corazón...*"

(Cap. XXVIII, ítem 1)

En el pasado buscábamos a Dios entre los holocaustos, ofrendas, inciensos, cultos y cantos. Era necesaria una representación semimaterial, apropiada a nuestros estados de adelantamiento y a nuestra capacidad de entendimiento espiritual. Desde los viejos tiempos del monoteísmo del gran Amenhotep IV o Akhnaton y del iluminado Moisés hasta las numerosas y antiguas religiones politeístas, como la de los indios, egipcios, babilonios, germanos, griegos y romanos, la criatura humana atravesó una longa fase de maduración espiritual.

Actualmente, nuestras relaciones con la Divinidad tienen carácter introspectivo. Si antes nuestra busca se concretizaba en la exterioridad de las cosas, hoy, todavía, la hacemos en "espíritu y en verdad",[1] o sea, en la esencia – en nuestro propio íntimo.

La introspección – proceso por el cual fijamos la atención en nuestros propios estados y actividades internas – lleva las criaturas a identificarse con la mayor de todas las fuentes de poder del Universo: Dios – manifestación omnipresente en todas sus creaciones.

Volverse para dentro de sí mismo tal vez no sea una actitud constante, espontánea y natural en la mayoría de los seres humanos, por el hábito de ocupar sus sentidos más con las impresiones externas que con las realidades alojadas en el interior de las cosas.

Muchos individuos viven dentro de un círculo vicioso, en el ansia desmedida de estímulos aparentes, manteniéndose constantemente ocupados con las impresiones de fuera y nutriéndose enérgicamente apenas de esos estímulos físicos. Sin embargo, no podemos ignorar o desvalorizar las fases evolutivas del hombre, pues vivir para fuera sigue siendo una necesidad existencial de muchos en la actualidad; y es de esa forma que harán puentes o conexiones entre el mundo interno y el externo, comprendiendo en alto grado que la vida exterior es un reflejo de la vida interior.

La busca de las fuentes de crecimiento y renovación espiritual se inicia cuando se empieza a vivir hacia fuera, y a poco y poco se va tomando consciencia de la vida en sí mismo; por lo tanto, todo está perfecto en la creación universal – vivir exteriormente no excluye vivir interiormente. Son etapas, ligadas entre sí, de un longo proceso de aprendizaje de evolución.

Percibir, sin embargo, la verdadera realidad del mundo que nos rodea es factor imprescindible para vivir bien en la intimidad de nosotros mismos.

Nuestra vida más lúcida, más íntegra, más llena de placer, más creativa e indisoluble se desarrolla en nuestro propio interior, en las actividades recónditas de los pensamientos, de los sentimientos, de la imaginación productiva y de la consciencia profunda.

Cuando penetramos en la oración, viviendo cada vez más la plenitud de la vida por dentro, conseguimos observar lo que somos, quién somos y lo que realmente está sucediendo en nuestra vida. Facilita también nuestra percepción entre lo que es "real" y "imaginario", disminuyendo las posibilidades de iludirnos o fantasear hechos y ocurrencias.

"¿No sabéis que sois un templo de Dios y que el Espíritu de Dios habita en vosotros?"[2]

Tomando contacto con "Dios en nosotros" podemos traer hacia nuestra visión actual una translúcida consciencia, lo que nos permite reevaluarla convenientemente. Podemos igualmente localizar los engaños y reformular percepciones, a fin de que podamos identificar la realidad tal cual es, pues vivir ignorando el significado de nuestros actos e impulsos es desvalorizar nuestro proceso evolutivo, pasando inconscientemente por la vida.

Cultivar el reino espiritual en nosotros nos permite escuchar la verdad que Dios reservó para cada una de sus criaturas. En el cultivo de ese reino aprendemos también que la felicidad no es determinada por eventos o fuerzas externas, sino en el silencio del alma, donde la inspiración divina vibra intensamente.

Pablo de Tarso escribe a los Efesios: "...Que Él ilumine los ojos de vuestros corazones, para que sepais cual es la esperanza que Su llamado encierra...".[3]

Buscar a Dios con los "ojos del corazón" – en la expresión paulina – es reconocer que solamente mirando para dentro de nosotros mismos, descubriendo lo que Dios escribió en todos los corazones, que conseguiremos alcanzar la plenitud de la vida abundante. Y entregarnos a partir de ahí a Su Orientación y Sabiduría, sin restringirnos a "resultados esperados", es la forma más consciente de orar.

El más alto sistema de intercambio con la Vida dentro y fuera de nosotros es la oración – escuchar a Dios en el cerne de la propia alma.

---

[1] Juan, 4:23.
[2] I Corintios, 3:16.
[3] Efesios, 1:18.

La busca de lo mejor

"Pedid y se os dará; buscad y encontrareis; golpead a la puerta y se os abrirá, porque todo aquél que pide recibe, quien procura encuentra, y se abrirá a aquél que golpear a la puerta..."

"... pero Dios le dio, más que al animal, el deseo incesante de lo mejor, y es ese deseo de lo mejor que lo impele a buscar los medios de mejorar su posición..."

(Cap. XXV, ítems 1 y 2)

"Ningún ser humano intencionalmente desea ser infeliz", pues ninguna criatura se atreve a hacer alguna cosa de propósito, a fin de que venga a sufrir o a tonarse derrotado.

Cuando actuamos de manera errada, así lo hacemos porque optamos por aquello que nos parecía el "mejor", conforme nuestra visión, visto que todos los comportamientos nuestros están cimentados en nuestra propia manera de percibir la vida.

Sócrates afirmaba: "Nadie que sepa o crea que hay cosas mejores que las que hace, o que están a su alcance, continúa a hacerlas cuando conoce la posibilidad de otras mejores".

La comprensión de lo que es "mejor" depende del desenvolvimiento de un razonamiento lógico para cada situación, y se da en la criatura a través de una secuencia progresiva, en que se lleva en cuenta la madurez espiritual adquirida en experiencias evolutivas con el pasar de los tiempos.

Todos nosotros acumulamos informaciones, instrucciones,

nociones en nuestras multiformes vivencias anteriores. A principio, pasamos a vivenciarlas superficialmente. Poco a poco, vamos analizándolas y asimilándolas, entre procesos de reelaboración, para sólo después pasar a integrarlas definitivamente en nosotros mismos, es decir, incorporarlas por entero.

En el "hacer nuestro mejor" está contenido lo cuanto de madurez conseguimos recoger de las experiencias de la vida y también como usamos y relacionamos esas mismas experiencias al depararnos con hechos y situaciones a lo largo de los caminos.

Fundamentalmente, somos ahora lo que podríamos ser de mejor, ya que estamos actuando conforme nuestras posibilidades de interpretación, junto a todos y delante de la vida, porque siempre hacemos nuestras opciones de acuerdo con nuestro "grado evolutivo".

Nos preguntamos, todavía, lo que pasa con individuos que matan, mienten, calumnian y fingen: ¿Acaso un ladrón que asalta a alguien no sabrá lo que es correcto o justo? ¿Desconoce lo que está haciendo?

Instrucción es conocer con el intelecto y, por lo tanto, no se trata de la misma cosa que "saber con todo el nuestro ser". Es decir, sólo integraremos el "saber algo" si ese algo está completamente "contenido" en nosotros. Entonces podremos, de hecho, decir que lo aprendemos y asimilamos totalmente.

Analizando de esa forma, solamente se puede considerar nuestro "mejor" aquello que sentimos en profundidad o experimentamos vivenciando. No es así, por lo tanto, con lo que leemos, escuchamos, con aquello que otros nos enseñan o intentan mostrarnos. Estar en la "cabeza" no es lo mismo que "estar en toda el alma".

Aparentemente, podemos juzgar un acto negativo, pero cuando se llega al cerne de la criatura y se observa como ella ha sido educada, que valores ha recibido en la niñez, el medio social en que ha crecido, entonces se entenderá lo que la motivó a actuar de aquella forma y el porqué de su padrón de comportamiento.

Obviamente que el nuestro mejor de hoy sufrirá mañana profundas alteraciones. Sin embargo, la propia evolución es un proceso que nos incita siempre a lo mejor, ya que es propósito del Universo hacernos progresar cada vez más para que nos aproximemos de la sabiduría plena.

La naturaleza humana tiende siempre a compensar sus faltas e insuficiencias. Consta científicamente que todo organismo siempre está buscando actualizarse, o suplirse, pues cuando gasta energía tiene siempre la necesidad de reponer esa carencia energética, expresándose en algunas ocasiones con la sensación de hambre o sed. Notamos que esa fuerza que busca mejorarnos o contrabalancearnos es como si fuera una "palanca poderosa" que tiende siempre a atualizarnos, manteniéndonos en el mejor equilibrio posible. Cuando uno de los pulmones se enferma y deja de funcionar, el otro hace el trabajo de ambos; así también puede ocurrir con nuestro riñón. En otros casos, esa fuerza interior busca ofrecer a los deficientes visuales y auditivos compensaciones, con una percepción, sensibilidad y tacto más desarrollados. Estructuras huesosas fracturadas se recomponen y solidifican más fortalecidas en el local exacto donde hubo la lesión.

Además de eso, se verifica que nuestro sistema inmunológico, que es esa misma fuerza en acción, ejerce gran influencia sobre el organismo, para mantenerlo funcionando con su mejor desempeño, conservando la propia subsistencia orgánica a través de mecanismos de autodefensa, con los cuales elimina todos y cualesquiera elementos extraños que puedan venir a comprometerlo.

Por definición, "proceso de actualización" es la capacidad de adaptación a nuevas necesidades, o hasta el cambio de comportamiento íntimo para mijor, a fin de conservar íntegra la individualid.

Cuando analizamos las estruturas físicas, sistemas e órganos de la estructura corporea, vemos que ellas funcionam a través de una perfecta atividad de compensación, impulsando siempre la criatura a mantenerse fisicamente mejor. También bajo el aspecto psicológico, ese fenómeno ocurre para que todos podamos ajustarnos frente a la vida según nuestro "mejor". El propósito que llevamos dentro de nosotros es fundamentalmente bueno, porque nadie consigue actuar de manera distinta de aquella que asimiló como correcta o favorable.

La intención de los seres humanos se apoya en el cabedal de capacidades e habilidades propias, todavía, los medios de ejecución a través de los cuales actúam son siempre cuestionables, una vez que otros individuos, en situaciones idénticas, adoptarian medidas distintas, apoyados en su "grado de evolución".

Continuando el examen de esa cuestión, es imperioso decir que, mientras hacemos nuestro "mejor", actuamos de acuerdo con aquello que sabemos en ese exacto momento y, de esa manera, la Providencia Divina nos estará protegendo. Pero cuando intencionalmente no correspondemos con actos y actitudes a nuestro grado de justicia y conocimiento, dejamos de ser alvo de "condescendencia espiritual", una vez que fuimos más allá de los límites de las leyes naturales que nos amparan y sostienen.

El apóstol Pedro há dejado escrito que "Dios juzga a cada uno según sus obras".[1] Se pueden interpretar esas palabras como la certeza de que somos evaluados por el "Poder Divino" según nuestra capacidade de elección, es decir, teniéndose en cuenta nuestro conjunto de funciones mentales y espirituales, bien como nuestra aptitud racional de hacer, decidir, analizar y tomar direcciones.

Nuestras "obras", cuyas referencias en el texto evangélico no son los edificios de alvenaría, perecibles y pasajeros, sino las construcciones interiores – el "potencial más grande" que ya conquistamos o logramos alcanzar, en todos los sentidos de la vida.

Eso equivale a decir que nuestro "mejor" será siempre el "punto clave" en la evaluación y cálculo de la "Contabilidad Divina", al registrar si "los cielos van a ayudarnos", si "vamos a encontrar lo que buscamos", si "las puertas van a abrirse" o si "permanecerán cerradas".

---

[1] I Pedro, 1:17.

Índice de las citaciones de "El Evangelio según el Espiritismo"

Capítulo Título/Asunto .... ítem* .. página**

I – NO HE VENIDO PARA DESTRUIR LA LEY
- *Cristo* 4 97
- *El Espiritismo* 5 183

II – MI REINO NO ES DE ESTE MUNDO
- *Trecho evangélico* 1 49

III – HAY MUCHAS MORADAS EN LA CASA DE MI PADRE
- *Destinación de la Tierra. Causa de las miserias humanas* 7 159
- *Mundos regeneradores* 17 73

IV – SIN NACER DE NUEVO, NADIE PUEDE VER EL REINO DE DIOS
- *Los lazos de familia fortalecidos por la Reencarnación y quebrados por la unicidad de la existencia* 18 137
- 19 175

V – BIENAVENTURADOS LOS AFLICTOS
- *Trecho evangélico* 1 105
- *Justicia de las aflicciones* 3 45
- *Causas actuales de las aflicciones* 4 129
- *Causas anteriores de las aflicciones* 8 61
- *Olvido del pasado* 11 141
- *Motivos de resignación* 13 133
- *La felicidad no es de este mundo* 20 25
- *Pierda de personas amadas. Muertes prematuras* 21 179
- *Pruebas voluntarias. El verdadero cilicio* 26 101

VII – BIENAVENTURADOS LOS POBRES DE ESPÍRITU
- *Todo aquél que se exalta será rebajado* 5 41
- *Misterios ocultos a los sabios y prudentes* 7 65

Capítulo Título/Asunto .... ítem*.. página**

VIII – BIENAVENTURADOS LOS QUE TIENEN EL CORAZÓN PURO
- Dejad venir a mí los niños 4 117
- Verdadera pureza. Manos no lavadas 8 163

IX – BIENAVENTURADOS LOS MANSOS Y PACÍFICOS
Instrucciones de los Espíritus
- La afabilidad y la dulzura 6 149
- Obediencia y resignación 8 77
- La cólera 10 153

X – BIENAVENTURADOS LOS MISERICORDIOSOS
- Perdonad para que Dios os perdone 2 37
- El cisco y la trabe en el ojo 9 145
- 10 221
- No juzguéis, a fin de que no seáis juzgados 11 19
- Aquél que esté sin pecado, tire la primera piedra 12 109
Instrucciones de los Espíritus
- Perdón de las ofensas 14 217
- 15 229
- La indulgencia 18 205

XI – AMAR EL PRÓJIMO COMO A SÍ MISMO
Instrucciones de los Espíritus
- La ley del Amor 8 121
- El egoísmo 11 209

XII – AMAD A VUESTROS ENEMIGOS
- Pagar el mal con el bien 3 191

XIII – QUE VUESTRA MANO IZQUIERDA NO SEPA LO QUE HACE LA DERECHA
- Invitar a los pobres y andrejosos 7 167

XIV – HONRAD A VUESTRO PADRE Y A VUESTRA MADRE
- ¿Quién es mi madre y quiénes son mis hermanos? 5 197

XV – FUERA DE LA CARIDAD NO HAY SALVACIÓN
- Necesidad de la caridad según San Pablo 6 213

| Capítulo Título/Asunto | ítem* | página** |

XVI – NO SE PUEDE SERVIR A DIOS Y A MAMON
- Jesús en la casa de Zaqueu 4 87

XVII – SED PERFECTOS
- Caracteres de la perfección 1 225
- Los buenos espiritistas 4 201
- Parábola del Sembrador 5 69

Instrucciones de los Espíritus
- El deber 7 33
- El hombre en el mundo 10 171
- Cuidar del cuerpo y del espíritu 11 81

XVIII – MUCHOS SON LOS LLAMADOS Y POCOS LOS ESCOGIDOS
- La puerta estrecha 5 187
- Ni todos los que dicen "!Señor! ¡Señor!" entrarán en el reino de los cielos 6 125
- Mucho se pedirá a aquél que mucho ha recibido 10-11 29

XIX – LA FE REMUEVE MONTAÑAS
- Poder de la fe 1 91

XXI – HABRÁ FALSOS CRISTOS Y FALSOS PROFETAS
- Se conoce el árbol por el fruto 1 113

XXIV – NO COLOQUÉIS LA CANDELA BAJO EL ALQUEIRE
- Los sanos no tienen necesidad de médico 12 83

XXV – BUSCAD Y ENCONTRARÉIS
- Ayúdate, y el cielo te ayudará 1-2 239
- Mirad a los pájaros del cielo 6 53
- No os inquietéis por la pose de oro 10-11 57

XXVIII – COMPILACIÓN DE PRECES ESPIRITISTAS
- Preámbulo 1 235

Notas

* Número del ítem (*El Evangelio Según el Espiritismo*)

** Número de la página (*Renovando Actitudes*)

Impressão
Lis Gráfica e Editora.
(São Paulo, SP)